JN235862

メディアリテラシーの道具箱

テレビを見る・つくる・読む

東京大学情報学環メルプロジェクト／日本民間放送連盟［編］

東京大学出版会

Toolbox for Media Literacy : Watching, Creating and Reading Television

MELL Project on Interfaculty Initiative in Information Studies, The University of Tokyo
The National Association of Commercial Broadcasters in Japan

University of Tokyo Press, 2005
ISBN4-13-053014-3

はじめに

　昔，といっても百年ほど前に，映画を初めてみた少女が「人間の体がバラバラにされ，頭も足も手もみんな別々のところにおかれていたわ」と驚いたと言います．ハンガリーの映画理論家ベラ・バラージュが紹介するエピソードですが，彼女は映像として切り取られた身体が，本当に切断されていると思ったのです．

　21世紀に生きる私たちは，多くのメディアに囲まれ，それを当たり前のものとして暮らしています．しかし，その多くは，この百数十年ほどの間に生まれたものです．それぞれのメディアがもっている文法や約束事とは何か，メディアが送ってくる情報の性格や偏りにはどういうものがあるか，そしてメディアはどのように作られているのか．メディアリテラシー（メディアを読み書きする力）という言葉が，こうしたことを学ぶ必要性から生まれました．

　この本は，メディアリテラシーを学ぶ人のために，社団法人日本民間放送連盟（民放連）と東京大学大学院情報学環メルプロジェクトが共同で編集しました．民放連は全国の民放テレビ・ラジオ202社が加盟している放送事業者の団体，メルプロジェクトはメディアリテラシーとメディアを通した表現を学んでいくためにつくられた実践的な研究グループです．この両者が協力して，2001-2002年度の2年間，子どもたちにテレビ番組の制作と放送を実際に経験してもらうことによって，メディアリテラシーを学んでもらうパイロット研究（民放連メディアリテラシー・プロジェクト）を国内4ヵ所で行いました．本書はその活動をもとにして書かれました．

　民放連メディアリテラシー・プロジェクトは，子どもたち，大学

の研究者や大学院生，中学・高校の先生，放送局員，NPO のメンバーなど，メディアリテラシーにかかわる多様な人々の参加と協力により実施されました．

　長野県では，県下の中学校や高校の授業（2 年間で 14 校ほど）などに，テレビ信州の局員が出かけていって番組づくりを教えて，生徒たちが自分たちの学校を紹介する 5 分間のビデオをつくりました．

　愛知県では，東海テレビの記者やカメラマンが春日丘中学校・高等学校でそれぞれ数ヵ月間の授業を行い，「お弁当は愛だ」「高校生とお金」をテーマとしたビデオを生徒たちが制作しました．

　宮城県では，南方町のボランティアグループである「ジュニアリーダー」の高校生が参加し，仙台市にある東日本放送での生中継の制作に取り組みました．ここでは「せんだいメディアテーク」という仙台市の公共的な文化施設が協力しました．

　福岡県では，「子どもとメディア研究会」というグループに属する小中学生の子どもたちが参加してくれました．台北市の政治大学附設実験小学校の 6 年生との間で，お互いの町を紹介するビデオをつくって交換するという国際交流の試みに，RKB 毎日放送のディレクターなどの指導を受けながらチャレンジしました．

　この本の付録 DVD には，民放連メディアリテラシー・プロジェクトで子どもたちが制作したビデオやメイキング映像が収録されています．また，コラム執筆者の多くもこのプロジェクトの参加者ですので，お読みいただければこのプロジェクトの面白さの一端はお分かりいただけるのではないでしょうか．

　民放連メディアリテラシー・プロジェクトに参加してくれた子どもたちは，メディアを通して表現することの喜びと難しさを体験することで，メディアのありようと表現を深く学びました．この本には，このプロジェクトのエッセンスを盛り込みました．きっと，メ

ディアリテラシーを学ぼうという人の「道具箱」として役立てていただけるものと思います．

　（社）日本民間放送連盟・放送基準審議会議長　　山本雅弘
　東京大学情報学環メルプロジェクト・コーディネーター　　水越　伸

[目次]

はじめに
DVDをご使用の際に

I メディアリテラシーを学ぼう　水越伸　1

メディアのあふれる情報社会／メディアリテラシーとは何か／テレビのメディアリテラシー／思想的でマニュアル的——この本の目的と性格／文章と映像の両方で——この本の構成／四つのポイント——この本の使い方

II テレビを読む・つくる・見せる　11

テレビを読む　水越伸＋本橋春紀＋西野輝彦　12

テレビはイメージを伝えるメディア／その映像を誰が撮影しているか／テレビとの日常を振り返る／テレビに集中するのはどんなとき？／テレビと「日常の時間」を考える／「ニュース」を読む／ニュースの物語性について／コマーシャルを意識する／テレビを読むための道具

テレビをつくる　林直哉＋倉田治夫　32

はじめに／企画する／撮る(1)——ビデオカメラの達人になろう／撮る(2)——インタビューの達人になろう／編む／まとめる（パッケージにする）

テレビをつくって，見せる　小川明子　66

「見たいもの」と「見せたいもの」のはざま／「しかけ」を施す——見てもらうための工夫／誰に見せるか考える／メディアを選ぶ／表現と責任——著作権と肖像権／「表現する」ということ

再びテレビを読む　山内祐平　90

表現者として他者の表現を見る／多くの人に見てもらうという条件／表現に込められた意図／捨てられたシーンを想像する／視聴者の解釈を考える／能動的で批判的な視聴者へ

Ⅲ 新しいテレビと社会　109

送り手と受け手　境真理子　110
はじめはみんな視聴者だった／放送の特性と影響力についてもっと知る／放送局についてもっと知る／新しいテレビの模索

テレビと地域・空間　坂田邦子　132
はじめに／テレビの「場所」／地域のなかのテレビ——ローカル，そしてグローバル／メディアとしてのテレビ——目標，脱テレビ的!?／組織をつなぐ——メディアの学びのために／おわりに——そして，文化をつなぐ

メディアリテラシーのひろがり　長谷川一　162
はじめに／メディアリテラシーのひろがり／メディアで学ぶ——新聞とNIE／リテラシーとメディアリテラシー／メディアを学ぶ——本づくりとメディアリテラシー／メディアの根源に触れる——メディア遊びで知る映像のルーツ／メディアではないメディア，のメディアリテラシー／メディアを発明する——あっというま名刺パンフレット／メディアと文化の境界を越えて／メディアリテラシーを手に，再び日常へ

Ⅳ 道具箱をたずさえて　水越伸　189

「思想的でマニュアル的」／テレビの変貌と諸問題／メディア社会に参画する

ブックリスト　198
ウェブリスト　200
あとがき　203

【コラム】
- 01 学びとパブリック・スペース　　小川直人　**30**
- 02 撮影のための基礎知識　　林直哉＋倉田治夫　**60**
- 03 むずかしさと達成感　　宮尾久枝　**88**
- 04 リテラシーで育む地域の環　　春田亮介　**104**
- 05 参加すること・見つめなおすこと
　　清水宣隆＋春日丘高校・啓明コース清水ゼミ生　**106**
- 06 体験しながら学ぶ　　高宮由美子　**130**
- 07 モナリザは思わず微笑んだ　　劉雪雁　**158**
- 08 メディアへアクセスする　　津田正夫　**184**
- 09 メディアリテラシーからパブリックなメディアのデザインへ
　　菅谷明子　**186**

【DVD】

○愛知実践（東海テレビ放送）
　『テレビを知ろう2　高校生が番組制作に挑戦』
　　　　　　　　　　　　　　　　　　（2001年11月7日，約7分）
　『テレビを知ろう2　高校生が番組制作に挑戦　完結篇』
　　　　　　　　　　　　　　　　　　（2001年12月10日，約7分）

○長野実践（テレビ信州）
　『一緒に作ってみたら　〜メディア・リテラシー実験的実践〜』
　（2002年3月23日，約30分．60分番組をテレビ信州が本DVD用に再編集）

○宮城実践（東日本放送）
　『小さなテレビクルー　〜僕たちが番組を作るんだ〜』
　　　（2003年2月10日，約17分．30分番組を編者が本DVD用に再編集）
　『夕方ワイド　あなたにCue！』
　　　（2003年2月11日，約12分．55分番組を編者が本DVD用に再編集）

○福岡実践（RKB毎日放送）
　『福岡と台北の子どもたちのビデオレター交流』
　　　　　　　　　　　　　　　　　　（2003年2月28日，約17分）

装丁・本文デザイン　木下弥

DVD をご使用の際に

使用上のご注意
- DVD ビデオは映像と音声を高密度に記録したディスクです．DVD ビデオ対応のプレーヤーで再生してください．
- 操作方法の詳細については，お手持ちのプレーヤーの取扱説明書をご覧ください．

取扱上のご注意
- ディスクは両面とも，指紋，汚れ，傷等をつけないように取り扱ってください．
- ディスクが汚れたときは，メガネふきのような柔らかい布を軽く水で湿らせ，内側から外側に向かって放射状に軽くふき取ってください．レコード用クリーナーや溶剤等は使用しないでください．
- ディスクは両面とも，鉛筆，ボールペン，油性ペン等で文字や絵を書いたり，シール等を貼付しないでください．
- ひび割れや変形，または接着剤等で補修されたディスクは危険ですから絶対に使用しないでください．また，静電気防止剤やスプレー等の使用は，ひび割れの原因となることがあります．

保管上のご注意
- 使用後は必ずプレーヤーから取り出し，袋等に納めて保管してください．
- 直射日光の当たる所や高温，多湿の場所は避けて保管してください．

視聴の際のご注意
- 明るい部屋で，なるべくテレビ画面より離れてご覧ください．長時間続けての視聴は避け，適度に休憩をとってください．

87 min	片面一層	MPEG2	COLOR	無許諾レンタル禁止
4:3	ALL NTSC	DVD VIDEO	JASRAC V-051240SA	

このディスクは家庭等での私的視聴を目的に販売するものです．この DVD ビデオおよびパッケージに関して著作権者の許諾なく，上記目的以外の使用（レンタル・上映・放映・複製・変更・改作など），その他の商行為（業者間の流通，中古販売など）をすることは，法律で固く禁じられています．

メディアリテラシーを学ぼう

水越伸

I

メディアリテラシーを学ぼう

🎤 メディアのあふれる情報社会

　21世紀初頭の情報社会，私たちはさまざまなメディアに取り囲まれて暮らしています．テレビや新聞，本はもちろんのこと，携帯電話，コンピュータ，ビデオカメラなどは，私たちにとって身近にあることが当たり前になってしまっています．インターネットという技術基盤もどんどん拡がりつつあります．

　ところが私たちはこれらのメディアについてどれだけのことを知っているでしょうか．

　最近はよくコンピュータやビデオカメラの使い方の学習のことが話題になりますが，メディアについて知る，知らないというのはそうした技術的なことがらだけではありません．

　たとえばテレビ番組や新聞記事がどのように作られているのでしょうか．映像やホームページで自分の意見や気持ちを表現するためには，どのようにすればよいのでしょうか．

　このようなメディアをめぐる教育的，社会的なことがらについて，私たちは十分に学ぶ機会を持たないで，これまで暮らしてきたのでした．近年とくにデジタル化が進み，メディアが目にみえて発達し，日常生活にあふれ出さんばかりになってきたことで，社会のあちこちでメディアを学ぶ必要性が強く意識されるようになってきました．

　こうしてメディアリテラシーという営みが注目されはじめたわけです．

🎤 メディアリテラシーとは何か

　メディアリテラシーとは，私たちを取り囲むメディアの仕組みや特性を知り，メディアを通してさまざまな情報を注意深く受け取っ

たり，積極的に表現をしたりするための素養や能力のことを指します．

日本ではメディアの読み書き能力などといわれますが，台湾では「媒体素養」と呼ばれます．「媒体」＝メディアをめぐる素養，教養といった意味合いです．カタカナ言葉だと取っつきにくい感じがしますが，漢字におきかえてみると少し身近になりますね．

「媒体素養」，つまりメディアリテラシーについてもう少し詳しく説明しましょう．たとえばメディアを衣服のようなものだと考えてみるとどうでしょうか．

私たちは今，ほとんどの衣服をお店で買ってきて着ています．1970年代前半くらいまでは，お母さんたちが雑誌の付録の型紙などを使って子どもの衣服をこしらえたりしていました．もっと古い時代には，衣服は地域社会の中で自給自足していました．

もちろん今でも洋服作りが趣味の人は少なくないし，男女を問わずセーターやマフラーを編むこともあります．しかし大半の人々は，メーカーが大量生産した商品としての衣服をお店で買い，古くなったら適当に捨ててしまうという生活を送っているわけです．若い世代の人々の中には，ボタンが取れたり，ちょっと布が破れたような時になおせないという人が珍しくなくなりました．

私たちは便利さと引き替えに，衣服について，作ったり，なおしたりする素養や能力を失い，お店で買い，消費するだけの存在になってきたのです．

メディアではどうでしょうか．私たちは毎日さまざまなメディアと当たり前のようにつき合っていますが，これまた多くの場合，情報を買ったり，消費するだけの立場，すなわち受け手の立場に立たされています．衣服であれば，かつては手縫いをした経験のある世代がたくさんいます．しかしメディアの場合，時代をさかのぼったからといって，テレビ番組を作ったり，本を制作したという世代が増えるというわけではありません．メディアについては，私たちは

メディアリテラシーを学ぼう

　自分たちが受け手の立場にいることが当たり前であり，メディア企業が商品として送り出す情報がすべてであり，おかしいところがあってもたいていは我慢して受け取ってしまうということしかしてきませんでした．

　メディアリテラシーというのは，私たちがメディアを既製服のようにただ商品として買い，ほころびたり飽きたりしたら捨ててしまうというのではなく，メディアが誰によってどのように作られたか，どんな技術と知恵でできあがっているかということをよく知り，吟味しながら選ぶこと，また自分たちでも作ったり，表現したりできるようになるための素養や能力を育む営みです．さらにメディアが情報をただ伝えるための道具ではなく，その人らしさや地域のよさを共有するための道具でもあることなど，メディアをめぐる文化についても意識できるようになることも視野に入っています．

　衣服をよく知れば私たちの衣服に対する趣味や文化は深まり，そのことは私たちの人生を，より豊かにします．草花をよく知れば，野原や森を歩くのが楽しくなり，環境に対する意識も育てます．つまり世界が変わって見えるようになるわけです．

　メディアについても同じことが言えます．メディアリテラシーを手に入れることで，私たちは情報社会をよりよくとらえること，そのなかでより充実したコミュニケーション生活を送るきっかけをつかむことができるのです．

テレビのメディアリテラシー

　さて，メディアリテラシーの説明は後でもう少しします．その前にこの本の題材を明らかにしておきましょう．ここではさまざまなメディアのなかから，とくにテレビのメディアリテラシーを取り上げます．

日本のテレビは定時放送がはじまってから半世紀を超える歴史を持っています．ものごころついたときからテレビがあったといえる世代が，すでに大半を占めるようになってきました．テレビは今日，私たちの日常生活を分厚い透明なベールのように覆い，さまざまな形でそのあり方を枠付けています．

　たとえばみなさんが住んでいる都市や地域のイメージは，ニュースや旅行番組，時代劇などでの描かれ方によって作られます．大相撲や甲子園中継，夏休みや冬休みの特別番組，オリンピックやワールドカップなどのスポーツ祭典の番組で，季節や年の移り変わりを象徴的に感じたりします．そのほか男性と女性のちがい，政党政治のあり方，国と国の関わり方など，私たちを取り巻くあらゆることがらはテレビ番組の影響を受けて成り立っているといえます．

　くり返しになりますが，これだけ影響力のあるテレビについて，私たちはよく知りません．番組がどのような仕組みでできているのか，放送局というのがどういうところなのか．誰がお金を出しているのか．さらにいえばなぜ今のような放送局のあり方と，番組のあり方になってきたのか．あるいは自分や家族以外の人々がどのようにテレビを見ているのか．世界の他の国や地域ではどうなのか．こうしたことについて知識や技術を手に入れる，すなわち素養を身につけることは，これからの情報社会においてとても大切なことだといえます．しかし日本では，まだまだそうした機会は限られています．

　もちろんテレビの研究はそれなりになされてきています．大学でのテレビ研究には，テレビと同じくらいの歴史があります．しかし多くの場合それらの研究成果は，学会発表や専門書の出版などといった，大学の研究者の中に閉じたかたちで流通してきており，その世界の外側にはあまり伝播していきませんでした．またテレビ業界の人々も，自分たちの放送をよくしたり，経営をしっかりさせるための実務的な研究をしてきました．しかしそれらは大学の研究以上

> メディアリテラシーを学ぼう

に，業界内に閉じた議論でした．なによりも大学の放送研究は調査分析に比重がおかれ，人々のメディア理解を育む実践的な知を重視して来ませんでした．業界のそれは，業界の利益のためになされており，市民のための研究として十分な意味を持ってきたとはいえませんでした．いずれにしてもテレビをめぐる知は，片寄ってバランスのとれたものとして普及してきたとはいいがたいのです．

　ところが最近，テレビを取り巻く事情は大きく変わってきました．
　一つはテレビが以前にも増して注意深く見られるようになったことです．たとえば9・11の同時多発テロ，アフガン侵攻，イラク戦争と続く国際紛争のなかで，アメリカの視点に立ったテレビ放送が必ずしも真実を映し出してはいないということが誰の目にもはっきりしてきました．メディアリテラシーが必要とされる素地が，危機的なかたちで出てきたわけですね．
　また，これまで受け手に過ぎなかった人々のなかから，ビデオカメラやインターネットを活用した市民チャンネルやインターネット放送が生まれたりしています．受け手が送り手でもあるような立場の転換が起こってきたのです．
　こうした中で従来の閉じられたテレビ研究は，日本を越えてグローバルな社会へ向けて，あるいは市民のメディア表現活動へ向けて開かれていかなければならない．そのままでは専門性を保てなくなってきたわけです．こうした点からしても，メディアリテラシーの観点からテレビをとらえることは，とても重要な意味を持ってくることになります．

🎤 思想的でマニュアル的——この本の目的と性格

　この本は，テレビを中心とする映像メディアのリテラシーについての具体的な作法や技術，知恵をなるべくわかりやすく説明するよ

うに努めました．ただし世の中によくあるマニュアル本とはだいぶ違った作りになっています．いわゆるマニュアル本というのは，すでにある知識や方法を，読者が短時間のうちに確実に身につけられるように書かれています．道路交通の規則や株式会社の作り方などは，私たちの外部で体系化され，誰にとっても同じ意味を持つ知識ですからマニュアル本で学ぶのが一番です．

しかしメディアリテラシーというのはそうした知識や方法とは違う．それはまずなによりもメディアに視座をおいた新しい世界の見方を意味しています．メディアに着目して，人々のコミュニケーションや社会のなかの情報の流れ方，さらには社会のあり方をとらえなおすためのパースペクティブです．このような新しい世界の見方を手に入れるということは，私たちの外にモノのようにしてある知識を手に入れることではなく，自分自身を変えることを意味します．つまりこの本はみなさん自身の世界観を変えるという，ある意味では思想的なもくろみから編まれた本なのです．この点がいわゆるマニュアル本とは大きく異なっている点です．

一方で私たちは，メディアリテラシーというものを難解な理論だとは思っていません．欧米の原書に書かれた理論や知識を，日本語にして，わかりやすく噛んで砕いて概説するような，いわゆる文系の学術的教科書のようなかたちでは，メディアリテラシーはけっしてとらえられない．この営みは，私たちが日常生活を送るなかで出会う，メディアを介したさまざまな現象を解釈したり，吟味する活動であり，同時にメディアをうまく活用して新たな対話や表現の場を作っていく営みです．通勤や通学途中の街頭広告，学校で使う教科書や教材，テレビ番組やマンガ，携帯メールやインターネットのような，毎日の身近なことがらをじっくり眺め，振り返ることからはじまるのです．

くり返しいえばメディアリテラシーの根本は「メディアに視座をおいた新しい世界の見方」です．しかしこのような日常生活とメデ

> メディアリテラシーを学ぼう

ィアの関わりに具体的に関わることがらなので，さらにそのうえに「メディアへ向けての新たな働きかけ方」という実際的，実践的な意味合いが重なっています．この本ではメディアリテラシーの実践のために役立つことを心がけました．その点ではマニュアル的な性格を持っています．つまり思想的ではあるけれどただの思想書ではなく，マニュアル的ではあるけれど普通のマニュアル本ではない．それがこの本の特色です．

今回はとくにテレビというメディアに注目をしました．テレビという圧倒的な力を持ち，しかしあまりに当たり前すぎて振り返られることの少ないメディアを批判的にとらえ，そのことを通じて新しい世界の見方を手に入れる．同時に今あるテレビを新しいテレビに変えていくための術を身につける．この本はそのための，思想的でマニュアル的な道具箱です．

文章と映像の両方で——この本の構成

この本の構成をかんたんに紹介しておきましょう．

第Ⅱ部では，テレビのメディアリテラシーを段階的に論じてあります．まずテレビを読み解くことから入り，次につくること，メディアにアクセスすることと展開して，ふたたび読むことにもどってくる．テレビを受容することと表現することのあいだを輪を描きながら往復していきます．なるべく具体的な例を挙げながら，テレビの観察の仕方，新しい映像表現の仕方などを説明するようにしました．

第Ⅲ部は読み物になっています．テレビの送り手と受け手，それがおかれる地域や世界のこと，テレビ以外のメディアリテラシーのありようなど．それぞれがみなさんのテレビメディアへの関心の幅を拡げるきっかけになればと思っています．

各パートの間には，メルプロジェクトの関係者が，自らの実践や現場の体験をふまえ，コラムを書きました．メディアリテラシーの現状を読み取ってもらえればと思います．
　巻末には参考文献やウェブサイトのリストがあります．さらに深く学んでみたい人はこれらを利用してみて下さい．
　この本のもう一つの特色はDVDがついていることです．このDVDには，私たちがこれまでやってきたテレビのメディアリテラシーについてのプロジェクトの様子や，作品の数々が収録されています．日本民間放送連盟とメルプロジェクトが共同し，ローカル民放局と地域の子どもたちを結びつけ，番組制作を通じてメディアリテラシーを育むとともに，テレビの送り手と受け手が対話できる場を作っていく．このことを目的として2001年度から2002年度にかけて進められた「民放連メディアリテラシー・プロジェクト」（民放連プロジェクト）の一環です．テレビや映像のことを，文章というちがうメディアの体系で説明するのはむずかしいことだし，どうしても説明しきれないことがあります．まずはぜひ，収録されている映像をごらんになってみて下さい．

四つのポイント──この本の使い方

　最後にこの本の使い方を説明しておきましょう．四つのポイントをあげておきます．
　最初に，この本を手にとって読んでくれたみなさんには，まずはぜひ行動を起こしてみてほしいと思います．たとえば新聞のテレビ欄をチェックしてみる．友だちとの交換日記にドラマやバラエティ番組のことを書いてみる．自宅のビデオカメラでなにかを撮ってみる．近所の公民館で開かれる映像についての講習会や講演会に出てみる．そんなふうに実際に身体を動かしてみること，メディアを活

> メディアリテラシーを学ぼう

用してみることを実践してみて下さい．「見る前に跳べ！」ですね．

　二つ目．まず動いてみる，やってみる．そのときにこの本を持ち歩いてほしいということです．ちょうど生物学者が小さな野外観察図鑑やフィールドノートと呼ばれる手帳を持ち歩くような感じでこの本を持ち歩き，現場であらためて読み直してもらえると，さらに腑に落ちることが多いのではないかと思います．

　三つ目に，ここに書いてあることを鵜呑みにしないでほしい．なんだかこれまでいってきたことと矛盾するようですが，みなさんがこれから出会うメディア表現やリテラシーの世界がさまざまなかたちをとっているのに対して，この本に書いてあることには限りがあるということです．私たちはいろいろな経験を積み，実践的な研究を踏まえ，たがいに協力をしてこの本を編集しました．だからいい加減なことは書いていないし，まちがったことは言っていません．しかしこの本もまたひとつのメディアであり，構成をされたものなのです．批判的に参考にしてもらえればと思います．

　最後はお願いです．この本を読んでみて質問や問い合わせ，お知らせなどがあったら連絡をして下さい．本というメディアは，読んでもらい，理解してもらうために，完結したひとつのパッケージとなっています．DVDも同じです．しかしメディアリテラシーの世界は完結したものではなく，みなさんに向けて開かれています．みなさんがメディア表現やリテラシーの実践を進めるなかで出会う困難や問題意識などをぜひお聞かせ下さい．お答えできることはお返事します．私たちはこれからみなさんと一緒に，メディアリテラシーについて考えていくことができればと思っています．

テレビを読む・つくる・見せる

II

テレビを読む

水越伸＋本橋春紀＋西野輝彦

　あなたは,「パリ」と言ったときにどのようなイメージを思い浮かべるでしょうか？

　エッフェル塔,凱旋門,ルーブル美術館,シャンゼリゼ大通り,ノートルダム寺院といった観光名所でしょうか.セザンヌやルノアール,ピカソといった画家たちや,ビクトル・ユゴーやボードレールといった文学者でしょうか.もしかしたら,『ベルサイユのばら』のマリー・アントワネットやオスカルを思い出す人もいるかもしれません.

　人それぞれにパリのイメージがあると思います.では,こうしたイメージは,どのようにしてあなたのなかにつくられてきたと思いますか？　学校で学んだり,書籍や雑誌や漫画を読んだりして身につけたものもあるかもしれません.でも,多くの人にとって,遠い世界のイメージをかたちづくるのに,もっとも大きな力を果たしているのは,テレビです.

　テレビジョンは,tele（遠く）と vision（みる）を組み合わせた言葉です.世界に起きているさまざまな出来事を写し出す装置として,テレビは半世紀以上前に姿をあらわしました.毎日放送されているニュースや情報番組は世界中で起きている出来事を伝えてきています.もしテレビがなければ,人々の知っている世界は自分の身の回りの狭い地域に限定されてしまうでしょう.テレビは「社会に開かれた窓」としての役割を果たしてきたと言えます.もちろん,今ではインターネットが登場し,世界を「知る」ためのメディアと

しての地位に変化は起き始めていますが，世界を「イメージする」ためのメディアとしての地位はまだ揺らいでいません．

　また，日本で育った40歳代以下の人たちは，子どもの頃，『サザエさん』や『ドラえもん』といった長寿アニメを見た経験があるはずです．『サザエさん』を見て，波平とカツオの会話を聞き，父と自分との関係に比べてみたりしたことはなかったでしょうか．たとえば，「自分の父親はあんなふうには怒らない」「もっと厳しく叱られている．カツオがうらやましい」とか，そんなことを考えながらテレビを見ませんでしたか？　『ドラえもん』では，のび太をいじめるジャイアンと，それをかばうしずかちゃんを見ながら，自分がいじめられたり，誰かをいじめそうになったりしたことを考えたりすることもあったかもしれません．怠け者ののび太でも，一生懸命前向きに生きている姿を見て，勇気を学んだ人もいるかもしれません．日本で育つ多くの人にとっての共通の経験として，テレビは大きな意味を持っているのです．

テレビはイメージを伝えるメディア

　テレビを通したコミュニケーションの特徴の1つは，イメージをめぐるものです．映像として映し出されているもの，それ自体は確かにそこに存在したわけです（捏造の可能性はここでは置いておきます）．たとえば，2005年4月にあったJR西日本福知山線の列車脱線事故の映像を考えてみましょう．マンションに突っ込み完全にペシャンコになってしまった列車から傷ついた乗客が降りてくる映像には，ことばに（つまり意識化）すると，実に多くの情報が含まれています．脱線した電車の壊れ方，脱線現場のカーブの状況，列車の種類や型式，マンションの色や形状，乗客の怪我の程度，乗客の身なり，まわりの住宅の密集度，乗客を助けようとしている消防

テレビを読む

士の動き……．

　しかし，これらのどこに注目し，どの情報を意識化していくのかということは，見る人によってさまざまです．鉄道に詳しい人が見たときは，列車が新型で軽量なことに気づくかもしれません．医師や看護師が見れば，乗客の怪我の程度を推測するかもしれません．こうした専門家的な冷静な見方よりも，多くの人は，怪我をした乗客への同情と，死者がいるかどうかに関心を集中するのが普通でしょうか．近辺の大阪や兵庫・京都に住んでいる人であれば，友人や知人が巻き込まれていないか，降りてくる乗客の顔を真剣に見つめているはずです．

　新聞など文字による情報以上に，映像はそれ自体に多くの情報が含まれており，多様な見方ができることがわかります．もちろん1つの映像が担っている主要な意味（多くの人が中心的に受け取る内容）というものがあり，その映像を離れて，無関係な内容が人々に伝わるというわけではありませんが，ことばにしきれないイメージというものをテレビは伝えているのです．

🎤 その映像を誰が撮影しているか

　さて，私たちはまず映像それ自体に注目します．そのとき，その映像を誰かが写しているということはほとんど意識していないと思います．でも，実際には誰かが，つまりテレビ局のカメラマンが，放送し視聴者に届けるために，事故の現場のなかから乗客の様子や列車の様子を選択して，ある角度から撮影しています．カメラが映していない周辺にはやじ馬がいたり，救急車や警備をしている警官がいるはずです．さらに線路をたどっていくと次のターミナル駅があり，急な運休で当惑している別の乗客を，別のテレビカメラがこれも1つのニュースとして写している可能性もあります．

テレビの映像は現実のある部分を切り取っているのです．カメラマンが選択しているだけではなく，複数の映像のなかからそのとき放送すべきものとして放送局が選択して，その映像を伝えているということも考える必要があります．

　「テレビを読む」ということは，テレビを通して送られてくる映像と音声を通して，より多くのことを感じ，知り，よりよく考えることです．また，テレビが切り取った世界はありのままの姿であると同時に，送り手の意図や感情，考えが含まれている——このことを知って受け止めるということです．もう一歩進めれば，送り手の視線のなかに，テレビというメディアの産業的な側面，テレビが政治権力との間で保っている微妙な関係などを読みとっていくこともできます．

🎤 テレビとの日常を振り返る

　「読む」前に，まず，あなたがどのようなテレビをどのぐらい見ているかを振り返ってみましょう．

　新聞・雑誌などに掲載されている過去1週間分の番組表を用意して，自分が見た番組を思い出しながら，ペンなどでマークしてみましょう．そのあと，(1) 番組名，(2) 放送日時，(3) ジャンル[1]，(4) その番組を見た理由，(5) 感想，それに加えて (6) その時に何をしていたか，を表に書き出します（図1）．

　表を完成させたら，自分のテレビ視聴の分析に移ります．

　まず，(2) 放送日時からは，生活時間のどれだけがテレビ視聴によって占められているかがわかります．(3) ジャンルは，自分のテレビ番組の好みの傾向を示していることになるでしょう．(4) 番組を見た理由というのは，情報や楽しみの提供といった，あなたのテレビに対する期待を表しています．(5) 感想には，あなたの番組に

[1] 内容や様式にしたがって番組を分類したもの．テレビ番組のジャンルには，ニュース，ドラマ，バラエティ，ワイドショー，音楽番組，スポーツ，アニメなどがある．

番組名	放送日時	ジャンル	番組を見た理由	感　想	何をしていたか
○○○○	10月16日（月）午前7時〜7時半	ニュース・情報番組	家族がいつもつけて見ているから．	芸能ニュースで好きなタレントを見られてうれしかった．	朝食をとっていた．
△△△△△	10月16日（月）午後10時〜11時	ドラマ（サスペンス）	初回だから見逃せなかった．気になる俳優も出ているから．	ストーリーがつかみづらく，いまいちだった．	ドラマに集中していたが，ときどき携帯電話のメールをした．

図1　メディア日記をつけよう

対する期待が達成されたかどうか，思ってもいなかった発見があったかどうかなどが書かれるはずです．

（6）そのときに何をしていたのかというのは，一見すると奇妙な質問かもしれません．でも，私たちはテレビだけに集中していることは意外に少ないものです．食事，勉強，電話中，あるいはパソコンに向かいながら同時にテレビを見ることは，すでに日常化しています[(2)]．

これまでの作業から，個人差があるとはいえ，私たちがテレビを見るとき，目的をもって見ている場合とない場合があることを意識できたと思います．

(2) 別のことをしながらテレビを見ることを「ながら視聴」と言う．

テレビに集中するのはどんなとき？

意識を集中してテレビを見ているのはどんなときでしょうか．仕事や学校に出かける前のあわただしい時間には，テレビにあまり集

中しないで,「ながら視聴」していることが多いものです．仕事や学校が終わり，夜に自宅でノンビリと過ごしている時間帯には，集中して見ていることが多いのではないでしょうか．

　引き込まれて見ているテレビ番組の多くは，ストーリー（物語性）のあるものです．大人ならドラマ，子どもならアニメーションはその典型です．夜9時頃から，多くのテレビ局で放送されている2時間ドラマを考えてみましょう．番組の冒頭で，事件（殺人や犯罪）が起こり，平穏な日常がこわされ，そこに一種の緊張が生じます．主人公である刑事や探偵役が，事件の背景に隠された謎をひとつひとつ解いていき，多くの場合，主人公は途中で危機にさらされます．しかし，ストーリーの最後では，主人公は危機を脱し事件を解決し，再び平穏な日常が返ってきます．

　こうした物語の基本構造（日常の崩壊，対立，緊張の高まり，主人公による解決，日常への復帰）は多くの番組で共通していますよね．いくつかの番組を思い浮かべてください．『ウルトラマン』や『仮面ライダー』のような特撮ヒーローもの，『水戸黄門』や『暴れん坊将軍』のような時代劇もそうですし，恋愛関係をめぐる緊張感をテーマにした多くの連続ドラマにも当てはまります．

　作り手が，番組のなかにどのような緊張感を設定しているのか．その質はどうなのか，そこに込められた社会的な意味を考えてみることも必要です．これは映画ですが，『ゴジラ』は太平洋の島での核実験がきっかけで生まれたという設定にされています．日常に危機をもたらしたものは，核エネルギーの開発とその軍事利用，つまり人類のおろかさなのです．21世紀の今日でも私たちの生活のあり方に密接にかかわる大きな問題が，ゴジラが作り出す緊張感のなかには隠されているのです．

テレビと「日常の時間」を考える

ふたたびテレビ番組表を手に取り，平日の早朝から深夜までの番組の配列に注目してみましょう．

早朝から朝の時間帯には，前日に起きたさまざまな出来事やその日に予定されているイベント，天気情報などを伝える情報番組が並んでいます．

午前8時頃から正午前は，多くの人が学校や仕事に出かけた後で，ワイドショーを放送しているテレビ局もあれば，ドラマを再放送している局もあるなど，多少のバラつきがあります．そして，民放では11時台から，NHKでは正午から昼のニュースが放送されます．

お昼どきの番組は，情報番組やバラエティ，ドラマの再放送というように複数のジャンルの番組が見られます．午後になると，主婦向けのドラマや再放送のドラマ，ワイドショーなどが放送されています．夕方5時頃からは，再びニュースを中心とした情報番組です．

午後7時から11時はもっとも多くの人がテレビを見ている時間になります[3]．この時間にはバラエティ，ドラマ，スポーツ，クイズ，音楽などの娯楽を主とした番組が並んでいます．その後，午後10〜11時頃には，1日を締めくくるニュース番組が放送されています．

最後に，深夜帯と呼ばれる時間帯があります．若者を中心とした視聴者に向けて，若手の芸人・タレントを使ったバラエティ，トーク番組，実験的なドラマドキュメンタリーなど，ちょっとジャンル分けしにくい番組群が並んでいます．午前2時ぐらいになると，通信販売番組や古い映画の放送などがあり，再び朝を迎えます．

朝から深夜まで並べられた番組を見て，どんなことに気づきますか．放送局では曜日と時間帯ごとの番組の配列のことを「編成」と呼びますが，各局の編成が基本的のパターンを持っていることに気

---

(3) テレビ局はこの時間帯をゴールデン・アワー（GH），つまり「黄金の時間」とか，プライム・タイム（PT），つまり「一番いい時間」と呼ぶ．

づくと思います．その理由は何なのでしょうか？

　すでに「主婦向けのドラマ」という言い方などで少し触れましたが，テレビの送り手はその時間にどんな人がテレビを見ているかを考えながら，番組をつくり編成しているのです．

　早朝から朝はほとんどの人が家にいて，1日の仕事や活動の準備をしています．だから，1日の準備に必要な情報を伝える番組が編成されています．しかもじっくり腰を据えてテレビを見る人は少ないので，「ながら視聴」を念頭に置いた番組作りになっています．画面の左上には，時刻が常時表示され（それも大きな目立つ書体で），伝えている情報もスーパー[4]でほとんど表示されています．つまりちらっと見れば，そこで何が伝えられているかわかるように工夫されているのです．また，同じニュースや情報を，2時間近くのワイド番組のなかで複数回伝えることも行われています．午前6時に起きた人にも，午前7時に起きた人にも，同じ情報を伝える必要があるとの考えからです．それでは午前中，昼，午後，夕方，夜，深夜のそれぞれの時間帯で，どんな視聴者がどんな生活をしていると想定して作られているか，みなさんで考えてみてください．

　日常の時間は，仕事や家事や趣味や休息などそれ自体の必然性によって流れています．テレビ番組はそれに合わせて編成され放送されていますが，一方で，テレビの放送が日常の時間の流れを決めているというところもあります．プロ野球中継をめざして帰るサラリーマンや，NHKの朝の連続ドラマの終わりを掃除開始の合図にしている主婦，年末年始の特別番組を見ることを年越しの行事にしている家族，そんな人は普通にいるのではないでしょうか．あなたご自身はどうでしょうか？　テレビの時間と日常の時間がどのように交錯しているのかを考えてみることも，「テレビを読む」ことにつながります．

(4)　映像を説明するなどのために，映像の上に乗せて文字を挿入・表示する，テレビの演出技法のひとつ．正確にはスーパーテロップ．

テレビを読む

🎤 「ニュース」を読む

　次に，テレビの代表的な番組ジャンルであるニュースの読みについて考えて見ましょう．

　テレビというメディアには，ドラマやバラエティなど，番組のために作り上げられた虚構の世界やパフォーマンスを伝えるジャンルもあります．一方でテレビは，同時代の事実や状況を切り取って伝える情報メディアとしても存在しています．それも，生放送でリアルタイムにも伝えられるということが最大の強みです．これを具体化したのがニュースやワイドショーなどの情報番組ということになります．

　さて，30分のニュース番組があるとします．民放の場合，オープニングやエンディングの映像，CMを除けば，正味20数分というところで，そのなかで取り上げられるニュースの数は10項目程度でしょうか．それぞれの項目を，どんな順番でどんな時間を割り当てて取り上げるか，その番組の担当者が決めていきます．通常，番組の冒頭にはテレビ局が最も重要と考える項目が選ばれ，最も長い時間が割り当てられます．ニュース項目はおおむね重要度順に並べられ，時間量もそれにあわせて割り振られます．

　メディアリテラシーを一緒に学ぶ仲間がいたら，ある日の夜のニュース（午後10時〜11時台に放送されている）をチャンネルごとに分担して録画してみてください．そして，それぞれの局がどんなニュースをどんな順番と量で放送しているかを書き出して比較してみましょう．同じ項目が多いかもしれませんが，ちがっているところも少なくないはずです．そのなかからは，それぞれの放送局がそのニュースにどんな社会的意味があると判断しているかが浮かび上がってきます．

　応用問題として，翌日の新聞の朝刊と比較してみることもできま

す．朝刊の印刷に間に合うニュースはだいたい午前0時頃までですから，夜のニュースと翌日の朝刊のニュース項目はほとんど共通しています．新聞記事の配列と夜のニュースの配列にどんな差や共通点があるでしょうか．そして，もう一歩先に進めて，たとえばお隣の国，韓国の新聞と比べてみましょう．日本のニュースの配列との共通部分と違う部分を抽出してみると，そこから見えてくることもあるはずです[5]．

次に個別のニュース項目の内容を分析してみましょう．大きなニュースであれば，スタジオからの生放送（キャスターやコメンテーターのしゃべり），事件現場などからの生中継，事前に制作されたビデオの3つで構成されていることが多いはずです．まず，キャスターが事件の概略を説明し，次にその事件の詳細や背景を説明するビデオが入り，最新の現場の状況ということで生中継，最後にコメンテーターのコメントというのが基本形でしょう．

テレビは新聞などの活字メディア以上に，演出によって，受け手の情報の受け取り方に影響を与えることができるメディアです．その理由はいくつかありますが，1つは時間のメディアであることです．新聞であれば，記事を再読して評価し直すことができますが，テレビニュースは時間とともに流れていくので，見直されることはあまりありません．

もう1つは，この章の最初で説明したとおり，映像というものが多様な情報や意味を含んだイメージを伝えているということ．そのせいもあって，活字メディア以上に使用できる演出手法が多様だということです．

実際に，ニュース番組内で放送されるビデオには，さまざまな演出手法が動員されています．

まず，映像の配列の仕方それ自体の問題があります．たとえば，女子大生が都会の繁華街で殺された事件があったとします．ビデオの冒頭で，繁華街をだらしない格好で歩く若い女性のイメージを資

[5] たとえば韓国の代表的新聞「朝鮮日報」にはインターネット上で日本語版のページがある．http://japanese.chosun.com/

> テレビを読む

(6) 資料映像とは、その事件と直接関係して撮影したものではなく、事件の背景などを説明したり表現するために、あらかじめテレビ局が撮りためている映像のこと。

(7) 物事を説明するためにイラストやグラフなどが書かれた大判の紙．アナウンサーなどが手にもって使用したりする．

料映像⁽⁶⁾で入れ，その後に殺人事件を伝えたとします．そうすると，殺された側にも殺されるだけの隙があったというような印象が視聴者には伝わるでしょう．逆に冒頭で，大学の先生が「彼女はボランティア活動に熱心に取り組んでいた」と語る音声と老人ホームで介護する人の姿が資料映像として映し出されたとします．そのとき視聴者は殺人事件への憤りをより強めるはずです．

その女子大生が，実際に繁華街を歩いてもいたし，ボランティア活動にも熱心だったとすれば，いずれのビデオも虚偽を伝えているわけではありません．でも，視聴者が受け取る印象は百八十度違うと思いませんか．これは単純化した例ですが，実際のニュースの映像構成でも似たような問題はしばしば発生します．

ほかにも，効果音や音楽の付け方，コンピュータ・グラフィックスによる再現映像，スタジオ内で用いられるフリップ⁽⁷⁾や図表・模型など，視聴覚メディアであるテレビの演出技法は数限りなくあります．さらに，アナウンサーが声のトーンを上げたり下げたりするだけで，ニュースの印象も変わってきます．こうした演出が可能だからこそ，ニュースの担当者が取材で得た事件の印象をどのように正確に表現するかが，厳しく問われる必要があります．

🎤 ニュースの物語性について

さらに，ニュースの物語性について触れておきます．さきほど，ドラマやアニメ番組を例に，テレビ番組における物語（ストーリー）性について説明しました．このことは実は，ニュースでも無縁ではありません．時間を追って物事を伝えていくというテレビの特性上，単に事実を羅列していったのでは，視聴者はその内容を十分理解することができず，1つの物語を描くことが必要になってきます．そこで制作者が陥りがちなのが，単純な構図に物事を当てはめ

ていくことです．物語を乱してしまうような事実を排除して，うまくはまる事実だけを拾い上げて物語を作ってしまう．それも視聴者を惹きこむために，事実を離れて，できる限り劇的な構図を作りあげる．そうした危険性に制作者は常に向かい合っています．

物語へのこだわりが，テレビにおける過剰演出や事実の捏造を生むこともあります．NHK スペシャル『奥ヒマラヤ　禁断の王国ムスタン』という番組が虚偽報道を理由に糾弾されたことがあります（1993 年 2 月）が，あの番組は「秘境を行く」という物語を作りあげるために，雨が降ったのに降らなかったかのように，また，実際には高山病になっていないのにスタッフに演技をさせたりしました．その頃，民放でも似たような事件が相次ぎ，今日にいたるまでしばしばくり返されています．「物語を作る必要はある．しかし，事実からは離れてはいけない」．テレビを見るときに，制作者がこのことにどう取り組み，何が問題かを読み解くことも，テレビを読む鍵の 1 つになります．

こうしたことについては，後で「テレビをつくる」の章でみなさん自身が体験し，実践することでより理解できると思います．

コマーシャルを意識する

早朝から深夜まで途切れることなく続くテレビ放送のなかで，番組とともに欠かすことのできない存在が CM（コマーシャル・メッセージ）です．

私たちがテレビ番組を基本的には無料で享受できる背景には，民放テレビが CM によって，広告主（スポンサー）からの広告収入で成り立っているからだということを意識する必要があります．NHK はテレビが受信できる世帯から集めた受信料収入で運営されており，CM は放送されません．

テレビを読む

　CMはその販売のされ方によって，2つに分けることができます．1つは番組提供（タイムCM）というものです．番組の前後に「この番組は○○の提供でお送りいたします（いたしました）」というナレーションで，馴染みが深いものです．このように，タイムスポンサーは，原則として番組で提供社名が表示され，番組放送枠内で自社のCMが放送されます．この番組提供という形式は，スポンサーにとって，何よりも企業のイメージアップに効果を発揮します．「あの番組を提供している○○社」という形で，番組が視聴者として考えている対象を消費者として効率よく捉えることができます．全国ネット番組の場合，CMを全国一律に同時に配信できますし，長期に安定的なCM枠が確保されるため，スポンサー側の広告計画が立案しやすいというメリットもあります．

　タイムCMと並ぶ代表的な形態が「スポットCM」です．ある番組とその後の番組の間には，ステーションブレイク（ステブレ）と呼ばれる時間帯があります．この枠を使って放送されるCMのことで，15秒CMが中心となります．スポットCMは，放送実施地区，放送局，放送時間帯や放送期間，放送量などをスポンサー側が柔軟に選ぶことができるという特性があります．このため，スポンサーにとって，期間限定の商品やキャンペーン告知，新商品の認知度アップ，イベントの集客などの目的で活用されています．

　このように見てくると，コマーシャルがテレビ番組のなかにただ漫然と流されているのではないことがわかってきますね．スポンサーは，各局の編成動向や番組内容，対象とする視聴者層を意識しながら，自社の商品・サービスに応じて，キメ細かい広告戦略を，放送局・広告会社とともに展開しています．

　日本国中がバブル景気に踊った1980年代後半から90年代初頭には，"ひとつ上の暮らし"を訴求するCMが目立ちましたが，バブル崩壊後の90年代前半には，"家族回帰"に目を向けたCMがクローズアップされました．また，IT関連企業が飛躍的な成長を遂

げた90年代後半以降，コンピュータ関連のCMが広告表現の可能性を広げるとともに，スポンサーにも，それまで知られていなかった外資やベンチャー企業が目立ってきました．また，ある1年をとりあげてみると，春は新入生や新入社員向けの商品・サービス，夏に向けて清涼飲料水やビール，冷房機器，秋から冬にかけてはクリスマスシーズンに向けた商品，年末年始は年末商戦を当て込んだコマーシャル……．このように，放送から流れるコマーシャルによって，私たちはその時々の時代や経済環境，季節感といったものを体感できるのです．

　CMのキャッチフレーズやコピーのなかから，社会現象や時代を象徴するようなキーワードが生まれたケースもたくさんあります．コマーシャルが，単に企業の販売促進のツールにとどまらず，「広告コミュニケーション文化」として認識されているのには，このような側面も見逃せません．

　では，実際にコマーシャルはどのような形で私たちの目に触れるのでしょうか．自動車のCMでも自動車ばかりが映っているわけではありません．背景には美しい海原が広がり，そのなかを車が疾走していく，そんなCMが伝えようとしているイメージはどんなものでしょうか．また，テレビで伝えられる商業的メッセージはCMのなかだけに限定されているわけではありません．番組のなかでも，たとえば野球場の看板であるとか，選手のユニホームであるとか，直接放送局がコントロールできないところに掲げられた広告もあります．そうしたものにも注意を向ける必要があります．

テレビを読むための道具

　これまでの話で，テレビを読むためのいろんな手法や今のテレビの現状の一端を紹介しました．

テレビを読む

　最後に，テレビを読むための道具をいくつか紹介しておきます．
　何といっても役に立つのはビデオテープ・レコーダーやDVD，ハードディスク・レコーダーなどの録画機器です．テレビが放送され始めた50年前には，録画機器とビデオテープは極めて高価で，テレビ局でさえ自由に使うことができなかったと言います．だから，放送が開始されたばかりの頃のテレビ番組は今ではほとんど残っていません．でも，今は非常に安価の録画機器が出回っていますし，録画用のテープやディスクもそう高価ではありません．

　録画機器さえあれば，5～6分のニュースビデオを録画して，これを一時停止や巻き戻ししながら再生していって，1つのシーンごとに，そこで使われている映像，効果音，ナレーション，演出効果を書き出していくことができます．たとえば，こんなふうにです

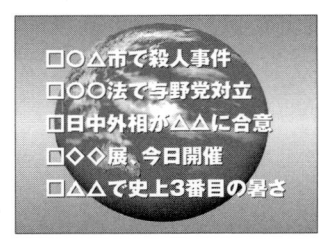

「ニュースのオープニング」
　00分00秒～00分10秒
　今日のニュース項目を紹介する短いビデオ．5項目がスーパーとアナウンサーの声で説明された．取り上げられた項目は，①今日起きた殺人事件，②国会での与野党対立，③……
　テンポのいい音楽がずっとかかっている．
　地球が回転するような映像が入って次のシーンにつながれた．

「アナウンサーが登場」
　00分11秒～00分20秒
　「今日最初のニュースです」との語り出し，「今日の午後3時頃，○△市○△区で53歳になる男性が，刃物で刺し殺されました．殺されたのは□□市に住む□△さんです．……」
　BGMは特になし．
　次はビデオで，単純に切り替わっただけ．

図2　ニュースビデオのメモ

テレビを読む・つくる・見せる

（図2）．

　5～6分のビデオであれば，こうしたメモが10枚以上は書けるはずです．テンポのよい音楽が使われている理由や，つなぎのシーンに入っている地球のような映像の意味を考えていくことができます．こうした分析の仕方はニュースに限らず，他のジャンルの番組やCMでも使うことができます．もし録画機器がなければ，テレビが何を伝えているかを一瞬で記憶していくことは不可能です．この作業を何回か繰り返すと，そのうちより注意深く映像を見て，音声を聞き取ることができるようになるはずです．

　次は，今のテレビへのさまざまな批評や評価の場を道具として紹介します．

　プロの批評家の集まりであるNPO法人 放送批評懇談会[8]は，月刊『GALAC（ぎゃらく）』という放送批評誌を発行しています．その誌上では，毎月の放送番組のなかから優れた番組を批評し，それを掲載するとともに，年に1回そのなかからギャラクシー賞を選出するという番組コンクールを実施しています．ほかにも，テレビ番組やCMを批評したり，話題を掲載している雑誌は多くあります．

　放送番組のコンクールには，ギャラクシー賞以外にも，日本民間放送連盟賞や日本放送文化大賞（民放連が主催），芸術祭賞（文部科学省が主催），放送文化基金賞（財団法人放送文化基金が主催），地方の時代賞映像祭（東京国際大学，川越市などが主催），日本賞（NHKが主催，世界の教育文化番組を表彰）などがあります．こうしたコンクールで受賞した作品のなかには，日常のテレビではあまり見ることのできないテレビ表現の可能性を追求した実験的な番組もあります．

　プロの批評を読んだり，そこで評価されたテレビ番組を見る機会を通して，テレビの読みを深めることもできるはずです．もちろん，プロだから正しい読みをしているとか，受賞したものは絶対によい番組だとか思い込む必要はありません．それ自体を批評的に読み解くこともメディアリテラシーですから．

(8) http://www.houkon.jp/index.html．ホームページには「この法人は，放送に関する公平・中立な批評活動を行い，豊かで優れた番組・作品の創造および放送文化の振興を図ることで，視聴者・市民の生活文化の発展に寄与することを目的として設立します」と書かれている．

テレビを読む

次に紹介する道具は，放送ライブラリー[9]です．神奈川県横浜市に日本で唯一の放送に関する公共的なライブラリーが存在します．過去に芸術祭賞や日本民間放送連盟賞などを受賞した優れたテレビ番組やCMがたくさん収蔵されており，そこに行けば，誰もがそれらの番組を見ることができます．また，NHKは独自に埼玉県川口市にNHKアーカイブス[10]という番組保存施設をもっていて，保存番組の一部を公開しています．ただ，残念ながら日本では諸外国にくらべ，放送番組のライブラリーやアーカイブがまだ十分に充実しているとはいえません．もしアメリカやイギリス，フランスなどを旅行する機会があったら，ぜひ各地の放送ライブラリーや博物館などを訪れてみて下さい．きっと国を超えたテレビの文化や歴史の流れを感じることができるでしょう．

一方で放送ライブラリーが近くになくても，今ではレンタルビデオ店，多チャンネルのデジタル衛星放送[11]，ケーブルテレビ，インターネット上などで，過去のドラマやアニメを見ることができます．今，放送されているテレビにはない表現や内容を持った番組が過去に放送されていたことがわかります．そこから，現在のテレビの持つ問題点や文化の質を問い直していくこともできるのではないでしょうか．

こうした道具をも使いながら，みなさんの周りにいるさまざまな年齢や職業の方とテレビについて語り合ってみてください．そうすることで，テレビが多様な見方をされ，人々の生活のなかに深く入り込んでいることがわかるでしょう．場合によっては，日常の会話としてだけでなく，インタビューをして歩いて書き出してみることも有効でしょう．

さて，ここまでテレビを通したコミュニケーションをより豊かにしていくための読み方について話をしてきました．

テレビが表現している内容や伝えようとしている意味や価値観，それらは私たちの社会のある部分を反映しています．同時に，テレ

[9] http://www.bpcj.or.jp/．「放送番組は，暮らしや風俗，人々の意識や風化を記録したかけがえのない国民的文化財です．放送ライブラリーは，こうした放送番組を系統的に収集保存して一般に公開するアーカイブ施設です」（ライブラリーのホームページから）．テレビ番組1万本以上，ラジオ番組2500本以上，テレビ・ラジオCM 700本以上が収蔵されている．

[10] アーカイブは記録を保存する場所のこと．NHKアーカイブスの詳細は，http://nhk.or.jp/nhk-archives/参照．

[11] たくさん有料の衛星放送チャンネルがある．詳しくは，スカイパーフェクトTV！〈http://www.skyperfectv.co.jp/〉などを参照．

ビが社会の価値観を形成していくというベクトルも,そこには存在します.この章で紹介したような,さまざまな技法を駆使してテレビは何を伝えているのか.「テレビをつくる」「テレビをつくって,見せる」を経て最後の「再びテレビを読む」ではこうしたことにも触れて,テレビをより批評的に読むことの必要性を考えてみたいと思います.

コラム 01　学びとパブリック・スペース

小川直人（せんだいメディアテーク学芸員）

　せんだいメディアテークは，図書館とギャラリー，映像ホールやスタジオを持つ公共文化施設です．絵画などのコレクションはなく，上映会や展覧会，ワークショップを企画するかたわら，アートやメディアに関わる市民活動を支援したりするなど，ミュージアムというよりは新しいタイプのパブリック・スペースといえるでしょう．地域の文化施設としてはめずらしいことに 1 日 3000 人以上が行き来する場所で，人や情報あるいは出来事のノード（節点）として街のなかにあります．

　そのメディアテークは，2002 年の民放連メディアリテラシー・プロジェクト〈宮城〉で地元テレビ局と一緒に高校生たちがテレビ番組を作るワークショップに関わりました．初めて DV カムに触れる人が，プロのようなテレビ番組を作ることは難しいものです．とても高校生だけではできませんでしたが，一方で彼らの感性ではプロの方法論であっても違うと思ったところがあったかもしれません．しかし，「普段テレビで見ているようなものを作りたい」という欲求が「自分が伝えたいことを伝えられるものを作りたい」に変わったとき，テレビというメディアとはじめて対等に向き合えたような気がしました．教育研究活動と，商品でもある番組作りは相反する面を持っていますが，メディアテークという第三の眼も交えることで，取り組みの最中に起こる葛藤や挫折のなかにメディアへの疑問や期待が生まれたといえるでしょう．数々のつまずきは，言い換えれば「正しく失敗する」ことであり，メディアリテラシーを一方的な批判や対立にせず，さまざまな見方を相対化しながら考えるためには大切なプロセスとなりました．

　その経験を活かして，現在では社会人や学生が参加するワークショップも展開されています．さらに，小学校での図工の研究授業にメディア表現を取り入れようとする研究にも加わり，機材や場所の提供だけでは

なく一緒に授業内容を考えることからはじめています．今はまだ社会科や学校行事の記録のために使われることが多い映像メディアですが，この授業で子どもたちはDVカムを持ってメディアテークのなかを自由に撮影し，メディアを通して創造的な表現を行おうとしているのでした．

DVカムを持つ子どもたち

「見ること」はあまりにも当たり前すぎておろそかになりがちです．まずは「自分自身の目で世界を見ること」をやり直さなければなりません．しかし今日においては，もう一つ「メディアを通して世界を見ること」も大切です．もちろん，どちらが重要かということではなく，世界の見方はいくつもあり，その違いを認識することの先に，今日的な意味での世界への眼差しを持つことができるのではないかと思うのです．

かつて，テレビモニターに映る世界は特別なもののように思われていました．今では逆に現実との境界がないかのように思われることもしばしばです．実際，生まれたときからビデオで記録を残す時代には，その境界はほとんど消えたのかもしれません．しかし，メディアによる表現が今も撮影技術や制作者の意図によって「作り出された」世界である以上，その境界がわかりにくくなったという点で，私たちはメディアから遠くなったともいえるでしょう．

メディアを私たちの手に近づけること．そのためには，特別なものとしてあがめるのでもなく，区別がつかなくなるほど一体化してしまうのでもなく，さまざまな価値観や視点のなかで，メディアのなかに映っているものを知り，メディアの外に消えてしまったものを知ることが必要です．たくさんの人と情報が行き交う公共文化施設は，ワークショップや活動場所の提供を通して，そこに集う多様な資源（人や情報）をコーディネートし，学びを実践するためのプラットフォームになり得るのだと思います．

＊本書DVD「宮城実践（東日本放送）」を参照．

テレビをつくる

林直哉＋倉田治夫

はじめに

映像作品の制作手順は「料理」にとても似ています．

あなたはホームパーティを計画して，その料理について計画を始めました．どんな料理でもてなそうか，パーティに招いた人の顔を思い浮かべながら考えます．旬の食材や参加者の好物を考えながらメニューを決め，得意な一品も加えました．次に新鮮で少しでも質の高い食材を集めようと専門店や市場まで足を運びました．調理の段階になると，あなたのセンスと技術がものを言い，どんなお皿を使うのか，そのおいしさを引き出す盛りつけ方も重要な要素です．そして，なんと言っても「おいしい」と言ってもらう料理が作れたら最高です．それに，料理がおいしくなければ，ホームパーティも台無しです．

このような料理の過程を番組の制作手順と対応させてみましょう．

ホームパーティを計画する	作品をどんな意図で使うか
誰に食べてもらうか	誰に見てもらうのか
メニューを決める	作品の企画を立てる
食材を集める	取材する
調理する	編集する
盛りつける	仕上げる

料理も映像作品もはじめからうまく作れるものではありません．まずは，作って，壊す，トライ・アンド・エラーで臨みます．いつでも「試行錯誤」を楽しみながらプロセスを大切にしましょう．
　テレビ局の番組制作は，一般的に，

　　リサーチ → 企画 → 仮構成 → 取材 → 再構成 → 編集 → 仕上げ

という手順で作られ，この行程を大勢の人で分業しています．しかし，最近アマチュアの世界ではビデオカメラも小さく高性能になり，高額な機材を必要とした編集もパソコンを使ったノンリニア編集[1]が普及し，比較的安価で，かつ簡単にできるようになりました．この「テレビをつくる」の章では，1人，または数人のチームで全ての作品制作の行程をこなしていくことを前提としています．また制作例として，自分が住んでいる街で行われている「お祭り」紹介作品の制作を想定します．「お祭り」は，その土地の歴史と文化が凝縮した地域の一大プロジェクトでもあり，当日までの準備にもさまざまなドラマが潜んでいます．お祭りは紹介作品として話題（ネタ）の宝庫であり，多様な焦点の当て方が可能です．
　それでは，「お祭り」を追って映像作品を作る過程を，

「企画する」
「撮る(1)――ビデオカメラの達人になろう」
「撮る(2)――インタビューの達人になろう」
「編む」
「まとめる（パッケージにする）」

という5つの手順で，考えていきましょう．

(1) ビデオテープに収録されている映像は撮影された順番に直線（リニア）的につながっているため，目的のシーンが出てくるまで巻き戻しや早送りをする必要がある．パソコンのハードディスクに保存した映像ファイルを使う編集はテープ不要で，撮った順番に関係なく，しかもランダムに読み出すことが可能なのでノンリニア（非直線）編集と呼ぶ．

テレビをつくる

企画する

誰に見てもらうか

　作品を「誰に見せるか」「どんな人に伝えるのか」設定するのは，作品の作り方や取材の方法，集める情報の種類など，「制作」の全体を決定するもっとも重要な条件です．

　自分の街の「お祭り」をテーマにするといっても，紹介しようとする祭りのことを全く知らない人を対象にした作品と，祭りの当事者に見てもらうように記録として作る作品では，全く違った切り口の表現方法になります．制作しようとする作品は，「どのような目的」で「誰に伝えるか」（ターゲット），それを最初に明らかにすることにより，作品の大きな方向性が決まります．

　制作者の意図と受け手の興味がかみ合わないと，作品と鑑賞者の不幸な出会いが起こります．自分の子どもの運動会の様子を撮影したビデオを，「ねー，かわいいでしょう」と子どもと関係ない人に見せても，「……」返答に困ります．それは，親にとって目に入れても痛くない子どもも，第三者には，その子の親ほど関心がないからです．

　今回は，「お祭り」を知らない人をターゲットに，自分の街の「お祭り」紹介を目的とした作品制作を想定しています．わかりやすいお祭りの基礎情報も盛り込んだ企画にしましょう．そうすればきっと，祭りの当事者に対して上映会を開いても，一緒に楽しむことができます．

　制作した作品が何も伝えない作品にならないように「誰に向かって」「何のために」の2つを明確にし，悩んだり迷ったりしたらこの2つの原点にかえって考え直しましょう．

「ふつう」の感覚に疑問を

　私たちは,「ふつう」という言葉をよく使います．この感覚は, 自分が育ってきた環境や教育によって作られていく常識であり, 自分の中の「物差し」でもあります．この感覚は, 世間一般の常識のように見えますが, 実はそれぞれの人で異なっていて, さまざまな人生体験の中で変化していく感覚でもあります.

　特に慣れ親しんでいるお祭りの場合「固有名詞」に気をつけましょう. 長野県諏訪地方には日本の三大奇祭にあげられる「御柱祭」[2]というお祭りがあります. そのお祭りの舞台になる諏訪神社には下社・上社があり春宮・秋宮があります. 地元の人にとって重要ですが, 関係者以外には, 区別しにくいようです. 祭りの当事者にとって当然のことが, 関係ない人には「ふつう」でないことはいくらでもあります. 取材では, 行われている地域の「ふつう」をいかにわかりやすく伝えるかが求められます. しかし, 正反対に, 当事者の「ふつう」に, 新鮮な話題が隠れている場合もあります.

　安曇野には山国にありながら「お船祭り」があります. そんな祭りを追っていた高校の放送部が, お祭りのときに必ず作られる「えご」という海草料理に注目しました. このエゴ草[3]は, 生産地と消費地が分かれ, 消費地が限定されていること, 水揚げされたエゴ草の大半が, 海のない長野県茅野市に集められ再び消費地に送られることなど, 不思議な事実をつかみます.「えご」というお祭りの食べ物の糸をたぐって, 自分たちのルーツや寒天生産との関連性を発見して作品を制作しました. このように制作者自身が何かを発見した作品は, 表現方法の上手下手を超えて, 受け手の心を揺り動かします. 見てくれた人が「なるほど」と手を打ってくれるような作品に必要なのは「ふつう」の尺度では語れない「目から鱗が落ちるような情報」なのです.

　さて皆さん,「お祭り」を正面から見ずに少し斜めから見てみませんか.

(2) 7年に1度行われる信州の「諏訪大社」の大祭. 祭りは山中に御柱となるモミの巨木の見立てから始まり, 切り出し, 山から急勾配の坂を下り, 里の中を4ヵ所の社殿まで曳いたうえで, それぞれ社殿の四隅に巨木が建てられる.

(3) 紅藻類イギス科の海藻で, 九州から新潟, 青森くらいまでで採取される. 料理は, 乾燥したエゴ草を煮詰めて冷やし, 固めてから羊かんのように切り, 醬油に薬味を加えて食べる. 地方によって「えご」「いご」「おきゅうと」「えごねり」「えごてん」「えごこんにゃく」などと呼ばれている.

テレビをつくる

取材は足で，目で，体で（情報はできるだけ集めよう）

リサーチ（下取材）では，なるべく広く大きく物事をとらえることが必要です．「お祭り」の概略をとらえるには，まずは，書籍・インターネットなどで広くリサーチすること，次に自分の足で現場に出向くこと，そしてテーマに関係するキーパーソンを見つけ出すことが必要です．「知っているつもり」は，大きな落とし穴です．

ニュースの現場では，原稿は「足で書け」と言われます．事前に行うリサーチは，あくまでも書籍やインターネット等で行う「下調べ」にすぎません．これらから得られた情報は，編集者や著者によって文字や写真に置き換えられた「編集済みの情報」であり，自分の目で見て肌で感じるために「関係する場所」に足を運ぶことがまず必要です．実際に現場に行くと，リサーチで感じたイメージと違った感覚を受けることがよくあります．現場で起こっていることをあなたの五感でとらえ自分の言葉や感性で語るために，自分の足でかせぐ取材はもっとも大切なことです．

ある山村のお祭りのことです．毎年同じ時期に行われる「お祭り」でも，去年と今年で同じ内容なのにどこかが違うと感じたことがありました．調べてみると，もっとも中心になっていた人が，今年は事業所が撤退し他県の工場に転勤になっていたのです．お祭りという地域の文化に，国や地域の「経済」の事情が見え隠れした話題でした．

現場に足を運ぶことによって，前もって予測していた展開と全く異なることと出会えます．そして，自分の予測を裏切るような話題にこそ，大切な「情報」が隠れているのです．

川の流れがいつも同じように見えても，実は同じではないように，身の回りで起こっていることは止まることなく動いています．

誰に聞くか

ドキュメンタリー作品には，その事柄を語るのに最適な人が必要

です．話題やテーマに対する「キーパーソン」です．深く関わったから，あるいはのめり込んでいたからこそ言える一言があり，その一言に出会ったとき，作品に活き活きとした説得力が加わります．しかし，取材を重ねてもなかなかたどり着かないことのほうが，実は多いものです．

松本市に戦後の闇市から発展し，毎日が祭りの夜店街のような「縄手通り」という商店街があります．この通りを都市計画の中で整理する案が持ち上がりました．観光客ばかりでなく子どもを含む市民に親しまれていたことから，すぐに地元の高校生が商店街の整理に反対する作品作りをはじめ，「縄手通り」の利用者と店主等にインタビューとアンケートを行いました．

このテープには，縄手通りのシンボルであり高校生に親しまれていた駄菓子屋のおじいさんが語る「この通りを守らにゃならん」というインタビューが収録されていました．その数ヵ月後，このおじいさんが他界しました．しかし，このおじいさんのインタビューは作品のもっとも重要な要素となり，作品はコンテストでも入賞しケーブルテレビで放送されました．そして，松本市は放送直後に「縄手通り」の保存を決め現時に至っています．駄菓子屋のおじいさんのインタビューは，まさに「キーパーソン」の一言だったのです．

一般的に企業で話ができる人は，責任あるトップであったり，広報担当者です．しかし，このような人は取材に対して話すことはできても，取材したい本質的な事柄に対して適任者であるかは別問題です．俯瞰的に見る立場にいるので，取材したい事柄やプロジェクトの全体像を把握するのには適していますが，細部のことはわからないことが多いのも事実です．

作品の内容によっては，実際に額に汗して現場に携わった人のコメントがほしいときもあります．現場にいる人のほうが細部を知っているため，実情に詳しいものです．肌で感じたこと，実感を話してくれます．また，現場の空気が伝わってきます．しかし，その反

テレビをつくる

面，組織的に動いている場合，現場では限られたパートしか与えられていないケースが多いので，その人から聞いた情報が全体の中でどんな位置づけがなされるのか，よくわからないこともあります．このような取材のときには，全体を俯瞰して話せる人に概略を聞き，その事柄のリアリティをもって語れる現場の人にも取材しましょう．お祭りでも，全体を差配しているのは地区の長老の人が多く，実際に何かを作り実働しているのはもう少し若い人たちです．「キーパーソン」に出会うまで，粘り強く取材を続けましょう．

　関係者以外を対象にする上映会やケーブルテレビで放送することをねらうのなら10分以内の作品の長さが適当でしょう．「たった10分」と思われるかもしれませんが，映像作品1分に200〜300時間の制作時間が必要と言われます．10分間ならば制作に2000〜3000時間かかることになります．映像は特に編集に時間がかかるメディアなのです．

　それでは10分間の情報量はどれくらいなのでしょうか．文学作品を朗読したとすると約3000字，文庫本で4ページほど，人前で話をすると約4000字，原稿用紙で10枚ほどといった情報量です．映像では現在平均1カット5秒として約120カットとなります．しかし，「映像」は400字の説明を1カットで伝えることも可能な情報密度の濃いメディアです．そう考えると10分間でも多くの情報を盛り込むことができます．

　ただし，10分間はアニメのサザエさんの1話分の長さで，作品を貫くテーマは1つ，それも簡単な言葉でサクッと表現できると制作が順調に進みます．

シンボリックに伝えるものを探せ

　多くの言葉を重ねるよりも1枚の写真のほうが雄弁に状況を物語る場合があります．動画でも同じで，一目見ただけで事実が伝わってくるような「象徴的」（シンボリック）な「状況」や「キーパー

ソン」，または象徴する「モノ」を探します．そんな物や道具との出会いが，テーマを伝える優れたドキュメンタリーを生み出すことがあります．

　1台の三輪車や子どもの靴が悲惨な事故を伝えたり，1枚のハンカチが愛情を表現したり，よく研がれた刃のついた手あかで黒くなった柄の「のみ」が職人の人生や腕前を物語ることはよくあることです．「ディテール（細部）に神が宿る」と言います．インタビューや洗練された言葉でも描き出せない状況やモノがあるのです．動画の強みはそのディテールを映し出すことができるところにあります．私たちの周りには，言葉で表現しにくい事象があり，ビデオの特性を活かすことは，「言葉にできないけれど，その事柄を象徴的に表しているモノや状況」を探し出すことでもあります．

　「お祭り」は，地域にとって大きなイベントであり，毎年必ず何かを作り出しています．毎回山車を制作したり，当日の踊りや演奏のために長い準備をする祭りもあります．「お祭り」の準備やプロセスに隠れている，ちょっといい話を発掘しましょう．そしてそのお話を表象する「モノ」を見つけましょう．

　当事者でなければ語れないインタビュー同様，伝えたいことを表象しているちょっといい話，そして話を象徴するシンボル．この3つをリサーチで探し当てることができれば，音と絵で伝えるメディアであるビデオの特性を活かした作品が作れそうです．

　リサーチは「海岸での美しい貝殻探し」にも似て，とても大変なことです．

ポストイットは魔法のシート（構成表作り）

　リサーチを終えて次に「企画」を練ります．リサーチで集めた情報を項目ごとに整理します．この作業を進めるには，情報をポストイットで一覧できるようにすると便利です．

　リサーチしてきた内容を大きめのポストイットに書き込み，模造

テレビをつくる

紙などの大きな台紙に張っていきます．大きな台紙の一番上には，紹介作品の「目的」と「ターゲット」をまず書き入れます．その下に，リサーチではっきりしたテーマ，そしてキーパーソンになりうる人，ちょっといいお話，表象するモノなどを書き入れたポストイットを貼っていきます．このような作業によって，大きな台紙の上に，作ろうとしている作品の流れができあがっていきます．この流れをもとに，取材計画やインタビューの質問事項を整理していきます．そして，1つの取材が終わるたびにポストイットを書き加え，変更し，この作業を繰り返してこの大きなシート上に作品の構成表を作成していきます．

　少し大きな台紙に貼るのは，チームを組んだ場合，仲間と同じ台紙を見ながら共通理解を深められるからです．また，貼っておく場所があればいつでも見えるところに貼り出しておいて，ミーティングのたびに情報を追加し構成の順番を組み直すこともできますし，新たな発想がひらめいたときにすぐに書き込みもできます．

　この段階では，まだ不確定の要素もあります．しかし，予想した結果でいったん形にしておくと後の作業をスムーズに進めることになります．取材を進めるにつれて，作っては壊す作業を通じて柔軟に構成を変化させていくことも，作品制作の大切なプロセスです．

　このように作品制作には便利で重要なアイテムとしてポストイットを手放すことができません．

撮る(1)――ビデオカメラの達人になろう

(4) 本書コラム「02 撮影のための基礎知識」も参照．

　いよいよ，ビデオカメラを持ってお祭りの取材に入ります．でも，その前にビデオカメラの特性を知っておきましょう[4]．

人の目とカメラの違い

　知っておくべき第一のポイントは，人の目とカメラの違いです．
　お祭りの日，「ワッショイ！　ワッショイ！」という元気な声とともに，お神輿がやってきます．お神輿が上下に動く様子が目に入ってきました．あなたの目は無意識のうちに，担ぎ手の若者が着ている法被(はっぴ)に，それから額に浮かんでいる汗に向かって動き，そして大勢の中に混じって担いでいる女性の髪型に……と，移動しながら対象を捉えていきます．しかも全体も部分も見ることができますし，上下左右と自由自在に視線を移していけます．
　これをそのまま1台のビデオカメラで撮影したらどうなるでしょう．後から見ると映像がめまぐるしく変わり過ぎて，目がついていけません．カメラと私たちの目は似ているようで違いがあるのです．
　ビデオカメラの撮影を失敗する原因は大きく2つあります．

1. 何を撮ればいいかわからずにビデオカメラを振り回す．これは，撮ろうとする対象をはっきり意識することで改善します．
2. 人の目がモノを追うように，ビデオカメラを動かしてしまう．この場合は，目の動きとカメラの違いを知ることが必要です．

　視覚で捉えた情報は脳に送られ，理解可能な情報へと処理されます．首を動かして視線を移す大きい移動（カメラではパン）では，無意識に「瞬き」をしていったんそのカットを切り，さらに移動途中に見えている像は脳の中で「見ていない状態」として処理されます．見たいモノを注視するとき（カメラではズームイン）は，注目したモノの周りを見えない状態にぼかし，見たいモノだけをはっきり見えるようにしています．ところが，ビデオカメラはこうした処理を自動ではしてくれませんから，後でテレビ画面に映して見ると，不自然な（心地よくない）映像になってしまうのです．
　それでは，どうしたらいいのでしょう．

テレビをつくる

距離感

　私たちは，モノを観察するとき見入ったり，見つめたり，見回したりします．しかし，「見ている」ことを感じさせない優秀なオート機構を体に備えています．

　「ビデオカメラで撮る」という行為は，このような優秀なオート機構を通じて，「どのように，モノを見ているか」を考えることなのです．「見る」という行為を意識し，かつ理解して「ビデオカメラ」で撮影することができれば，撮影した「対象」をその映像を通じて自然に見てもらうことができるようになります．そこでまず意識したいのが，撮影する「対象」との「距離感」です．

　「神輿」「山車」は祭りの花形道具です．さて，この祭具は，祭りの期間中，多く人の目につくところに飾られます．そのように飾られている山車を撮影してみましょう．まず，「山車」が置かれている真正面に立ってみてください．そしてそこから5メートルほど後ろに離れて見つめましょう．「山車」が置かれている場所の背景が目に入り，「山車」の全体像も見えます．じっと見つめていると，「山車」の装具や持ち手など細かなところが気になってきます．そこで「山車」に手が届く距離まで近づきましょう．傷や担ぎ手の手あかなど「山車」の質感が見えてきます．さらに見つめていると，「山車」に触りたくなります．近づいて触ってみてください．「山車」の細かなディテールが見えてきます．

　このモノとの3つの距離感がとても大切な感覚です．「山車」がどんな場所に置かれ，どんな履歴を持ちデザインされているか，映像になったとき，それぞれの距離で山車がどう見えるのか考えてみましょう．単にアップとかロングといった画角ではなく，自分の映像に対するセンスを育てましょう．

　「撮りたいと思うモノと撮影者の距離感」が，テープに撮影者の気持ちを写し込みます．

絵で撮る（ファインダーで切り取る）

　カメラには，ズーム（広角から望遠にする）機能がついています．この機能を使わずに，「距離感」の項で行ったように撮影したい対象（ここでは「山車」）との距離を変えて，ビデオカメラのファインダーを覗いてみましょう．

　ファインダーを覗くと，自分の目で見ているときより，どこかしっくりこない「山車」に戸惑います．それは片目で覗いていること，それにファインダーの四角なフレームで視野が狭く切り取られているからです．

　自分の目で見たときには，いくら「山車」に注目しても，その周りのモノは視野から消えて見えなくなるわけではありません．人間は意志によってモノに注視し，焦点を定めた対象以外は，見えてはいても脳の中で気にならない状態に処理しています．しかし，ファインダーを覗いて「山車」との距離を詰めてアップにすると，撮ろうとする「山車」以外を，フレームの外側に追い出さなくてはなりません．アップ映像として撮影することは，見つめていることを表現する手段であり，注目するモノ（部分）を，ファインダーという「四角いフレームで切り取る」ことなのです．

　山車をアップにして上から見下ろすか見上げるかさまざまなアングルでファインダーを覗いてください．どの角度が「山車と自分の関係」を一番表現できるでしょうか．写したいイメージに近づけることができるのでしょうか．自分の心と対話しながら撮影します．

　この撮影プロセスは，体に埋め込まれた「見る機能」を，絵の大きさ（画角）やカメラのアングル（角度）を変えることで映像として画面上に再現していく営みなのです．

文章の基本を応用する

　山車の装具をつくる漆職人の技を取材に行った高校生がいました．彼らは職人の技を撮ろうと，手元とその表情を30分ほど収録して

テレビを つくる

きました．職人さんの熱意や見事な木片の使い方（高価な漆が無駄になる刷毛を使わない）はわかるのですが，何かが足りません．

　このことを文章の書き方と比べて考えてみましょう．説明文を書くとき，「5W1H」の情報を盛り込むとわかりやすいと言われます．これを，映像に応用してみましょう．

　「いつ（When）」では，時間や季節を伝えます．月は夜，夕焼けは夕方，桜の花は春，入道雲は夏といった具合に，時間や季節を象徴する映像を歳時記や俳句の季語を参考に使います．

　「どこで（Where）」は，そこで起こっている事象（お話）の舞台です．舞台から少し離れ，ロング・ショットで広くとらえて，話がどんな場所で展開されているかをわかるようにします．

　「だれが（Who）」はお話の中心人物です．顔を中心に，しっかりアップ・ショットでとらえましょう．

　「何を（What）」は中心人物の行動の様子です．何をしているのか，動作を行っている手元や使っている材料，作業の様子や中心人物の目元もおさえましょう．

　「どのように（How）」は，行動や動作がどのように「変化」したか，行っている作業や動作が変わっていく過程を撮影します．

　「なぜ（Why）」は，このお話の発生の理由であり，動機です．ところが，この「なぜ」は映像にしにくく，言葉の力を借り，インタビューやナレーションで表現する場合が多い要素です．

　この「5W1H」をはっきりと意識した撮影を行うと，状況を伝える素材を集められます．

　もうおわかりでしょう．高校生の取材に足りなかったのは，「いつ」「どこで」「なぜ」という基本情報でした．彼らは，次の日に取材に飛んでいきましたが，仕事着が変わっていて，後日もう一度取材に行かなくてはなりませんでした．

音で撮る（マイクの音を聴く）

映像の臨場感は，「音」に依存しています．

「ワッショイ！ ワッショイ！」という祭りのかけ声，音を立てて流れ落ちる滝と水しぶき，葉からこぼれる日光とセミの鳴き声……．いずれも音声を切ってしまうと，間の抜けた映像になってしまいがちです．「音」は，映像や言葉で表現できない「雰囲気」を伝える重要な要素です．

耳と音の関係も目とレンズの関係と同じです．人の耳もまた「優れたオート機構」を備えています．雑音の中から「聞こうとする意志」によって，選択して音をとらえることができ，何人もの会話の中から聞きたい会話だけ聴くこともできます．

しかし，マイク[5]はそういうわけにはいきません．撮影者が撮りたいという意志を持った場所にマイクを持っていかなければ，その音を録音することができないのです．最近はズーム機能を持ったマイクも出てきましたが，基本はあくまでも録音したい音の近くにマイク（カメラについている場合は，カメラ自体）を近づけることです．カメラの性能が上がり，映像の質は現在のテレビ放送にぐっと近づきました．しかし，音ではまだまだプロとの差があります．それは，状況に応じてマイクの種類を選択し，一度に複数のマイクを使用することが難しいからです．内蔵マイクで音を撮るなら，ズームを使わず撮りたい音がする場所まで近づく，高性能で複数のマイクが使えないハンディキャップは，フットワークと工夫で乗り越えましょう．それでもインタビューだけは，カメラ内蔵マイクではなく外部マイクを用意したいものです．

音の種類には，次のようなものがあります．

人間の声　　インタビュー，リポート，ナレーション
現場音　　　現場の雑多なノイズ
効果音　　　音楽，効果音

[5] マイクを構造で分類すると2つある．
①ダイナミックマイク（音の振動を直接電気信号に変える．単純構造で壊れにくい）
②コンデンサーマイク（静電容量の変化を電気信号に変える．複雑な構造で衝撃に弱い）

**テレビを
つくる**

こらえて10秒は撮ろう

　撮影の基本は，フィックス（固定）といって，固定した画角で撮ることですが，ズーム（ズーム・レンズを用いて被写体の像を拡大，縮小する手法）やパン（左右に動かして広い範囲を撮影する手法）を使ったお得な撮影方法を紹介します．

　　撮り始めフィックスカット（ロング）　10秒
　　パン・ズーム（画角が動いているカット）
　　パン・ズーム後のフィックスカット（アップ）　10秒

　この撮影方法ならば，ロングカット，パンやズームで画角が変わるカット，アップカットの3種類が一度に撮影でき，編集時にはそれぞれのカットを独立して素材にすることができます．さらに，反対方向のパンや双方向のズーム（ズームインとズームアウト）を収録しておけば編集時の選択肢が増えます．使用する可能性のあるカットはどん欲に撮影しましょう．編集時に捨てるのは簡単，しかし追加取材は大仕事です．

カメラマンは，右目／左目マルチアイ

　自分の目で見ることと，ファインダーで切り取ることには，大きな違いがあります．ビデオカメラで撮影することを職業としている人たちは，このようなギャップをどう埋めているのでしょうか．
　カメラマンの多くは，右目でファインダーを覗き，左目は撮影している全体の状況を見ています．両目を同時に使うことはできませんが，2つの画像を脳の中のスイッチで切り替え，右目で撮影しているファインダーの情報に注目しながら，フレームに写っていない周りの状況（ファインダーの外の部分）を左目で確認するという離れ業を行っているのです．特に，報道や動きの多い野外ロケーションでは，両目を使った撮影が威力を発揮します．

右目でファインダーを覗いている間，左目は次に撮影する対象の動きを前もって追っています．このテクニックは，撮影にも威力を発揮しますが同時に撮影者自身を守る技術でもあります．左目をつむって，右目のファインダーだけを覗き込んで撮影に夢中になってしまうと，自分に危険が迫ってくるのに気づかないことがあるのです．実は，こうした事故にあって死亡したり，けがをしたプロのカメラマンもいます．

　1人で撮影するときには，必ず両目を開けて自分の周りの状況にも注意しましょう．特に，祭りの人混みや，道路の端，川縁などでは注意をしてけがをしないように撮影しましょう．ぜひ，はじめから両目を使った撮影技術を獲得してください．

カメラのある場が自然になれば，よい絵はとれる

　カメラは，どんな場所にも「緊張感」と「違和感」を持ち込みます．取材される人には「撮られる」緊張を生み，その場を日常と違った状況にします．しかし，それは「カメラ」という道具が持つ特性ですから，全くこの道具の影響を消す訳にはいきませんし，むしろその特性をうまく取材に活かすことが必要です．普段話すことができない初対面の人でも，カメラを持って取材であることを告げると話を聞かせてくれる人が多くいます．街頭インタビューをしてみると，マイクとMDレコーダーを持った音声だけの取材よりも，ビデオカメラを持った取材のほうが10倍以上の人が答えてくれます．その点では，話を聞き出す道具としてビデオカメラは優秀なのですね．

　ただし，祭りの準備や数年にわたり長期間取材するには，取材される人との間に信頼関係を作っていくことが必要です．信頼関係が生まれ，かつ，取材する場がビデオカメラをもって動き回る状況に慣らされてくると，その場の人の顔が次第に普段の顔に変わっていきます．ビデオカメラが空気のような存在になるということです．

> テレビを
> つくる

そう変わったとき，自然な状況に近い映像やコメントがとれるようになります．カメラマンのテクニックは，カメラという道具をうまく使うだけではなく，取材が自然に進むようにその場所を和ませたり，カメラを使ってコミュニケーションの輪を広げ取材される人やその人が所属するコミュニティとの関わりを生み出すテクニックも必要なのです．このような技術を含めて，いい「カメラ使い」を目指しましょう．

撮る(2)——インタビューの達人になろう

映像を主にした取材でも，インタビューは欠かせません．その人がなぜこの祭りに関わったのか，どうしてこだわっているのか，参加してその人はどう思ったのか．インタビューによって事実関係だけでなく表情も含めてその人の関わり方や人柄が伝わってきます[6]．どうしたら，実感がこもったインタビューを引き出せるのでしょう．それを8ヵ条にまとめてみました．

(6) インタビューの撮影には，次のような方法があります．
　a）映像を見る人に直接話す——撮影される人がカメラのレンズを見つめて収録．強く何かを訴えるときに使う．
　b）少し斜めから撮影——視線の方向に多くのスペースを置く．頭の後ろ側にスペースがあると不安を感じる．スペースのある方に何かあることを予感させる．
　c）表情を際だたせる3燈照明——インタビューする人の表情を情報として活かす照明を駆使した収録方法．インタビューを中心に構成する制作時に使う．

1. 言葉使いは礼儀をわきまえて．何よりも相手の人への思いやりを大切にしましょう．しかし，会話が進むためにはカジュアルな言葉使いも必要です．
2. インタビューは，自分の目線を相手の目線と同じ高さにしましょう．特に子どもへのインタビューは目線の高さに気をつけましょう．
3. 話は相手の顔を見て，うなずきながらしっかり聞きましょう．相づちは黙って打ちます．声を出すと相手の答えの声と自分の声がかぶってしまい，編集のときに困ります．
4. 気持ちよく話してもらうために，相手の専門分野や，それまでのプロフィールを下調べしておきましょう．インタビュー

もスムーズに行え，楽しい会話が生まれます．
5. 相手は，忙しい人かもしれません．はじめに大体の時間を設定し，質問には優先順位をつけておきましょう．
6. インタビューのテーマにそった場所を選びましょう．部屋の中，緑の木々の中，インタビューの場所設定は思ってもみない答えを引き出すことができます．少しこだわりましょう．
7. インタビューするとき，相手が最も話しやすい距離は，顔と顔の距離，約50センチメートル程度，それも真正面ではなく少しずらした位置と言われています．
8. インタビューとは，テーマに沿って相手から話を聞きだすことです．下手なインタビュアーは自分で長くしゃべっているうちに，話してもらいたい内容を自分で言ってしまい，相手が「はい」「いいえ」しか答えられなくなってしまいます．質問の言葉は整理してできるだけ短く，相手からできるだけ多くの言葉を引き出しましょう．

大切な質問は1回で

インタビュー前の打ち合わせでは，面白いエピソードをいかにも面白そうに話してくれたのに，いざマイク(7)を向けた途端に表情が硬くなり，ありきたりの話になってしまう．インタビューではよくあることです．ライブ感を大切にする質問は，インタビュー本番まで残しておきましょう．やはり新鮮さとライブ感が大切です．

相手をリラックスさせる意味でも，「これでインタビューを終わります」と1回形式上インタビューを終了します．その後，雑感（インサートカット(8)に使う2人の映像やロングカット）を収録する旨を話して，そのまま音声を録音しておくことがあります．実はこんなときが緊張から解放され，とてもいいコメントをもらえるチャンスです．コンサートのアンコールと同じです．いいコメントが聞けたら，すかさず「今の部分を作品に使用してもいいですか」と

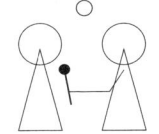

(7) 被取材者の言葉を明快に収録するには「指向性のあるマイク」（本書コラム「02 撮影のための基礎知識」を参照）を使用する．被取材者の視野になるべく入らないように，下から相手の顔の方向をねらう．距離は30〜50センチメートル．決してマイクを顔の前に突き出さないように．相手が怖がってしまう．

屋外のインタビューで風が強いときは，ウィンドスクリーンを使用し風の音を防ぐように．もし手元にない場合は，ハンカチを代用にして巻いてみましょう．

(8) 場面と場面の間に挿入するカット．時間の経過や季節などを表現する．たとえば対談の場合，二人のおしゃべりを延々とつなぐと多くの場合飽きられてしまう．そこで対談の様子を遠目から撮影したカットなどを挿入して途中を省略したり，時間の経過を表す．

テレビをつくる

> テレビを
> つくる

確認します．了解が取れれば使いますし，もし了解が取れなかったらそのことをもう一度言ってもらいましょう．

編む

作品を編んでみよう

撮影で番組作りが完成したわけではありません．食材がやっと揃った状態．煮たり焼いたり味をつけたり，「作品作り」という調理はここ「編集」から始まります．編集というのは決められた長さ（作品の尺）に合わせて，ワンカットずつ映像をつないでいく作業です．食材に当たるものは，撮ってきたビデオテープの中にあります．事前に作っておいた構成表に沿って，収録素材から必要なカットを選び出し，もっとも効果的な順番と量を考え，悩みながらつないでいきましょう．

この作業を効率よく進めるために，取材してきたテープの中身を事前に一覧表に起こしておきます．関係すると思われるインタビューはできるだけ細かく言葉を書き取っておいたほうがいいでしょう．このような表を，収録テープのインデックス表とかカット表と言います．素材を切ったりつないだりして別のもの（＝作品）を生み出していく作業は，セーター等を編むことにも，また本を編むことにも通じます．

再びポストイット（構成表・台本作り）

編集には，自分の考え方をもっとも効果的に伝える「構成」が必要です．しかし，この「構成」が，何回作品を作っても難しい手順です．それは，取材してきた素材から，「伝えようとする本質は何か」を探る作業だからでしょう．当然ですが，リサーチの段階と本

取材が終わった段階では，テーマ自体も変化していきます．その上で取材した膨大な素材から，伝えるために意味を持つカットを探し出しつなげる，気の遠くなるような作業が毎回待っています．捨てるにしても拾うにしても，常に決断が必要です．だから，毎回難しいのです．

取材のたびに書き加えてきた台紙ですが，構成が固まったところで，取材した内容を，表現するメディア別（ビジュアル，インタビュー，ナレーション，テロップ）に色分けして書き変えていきます．どのような情報をナレーションで言い，どの項目をインタビューで，どの様子を映像で示すのか，色を変えることで一目瞭然となります．編集作業はこの台紙を見ながら行えばよく，台本が必要であれば，この台紙を書き取ればいいのです．

編集ポイント（こだわりたいイン点・アウト点）

シーンの印象を決定する要素にカットの編集ポイント（イン点，アウト点）の設定と，ワンカットの長さがあげられます．

1つの動作が終了し，手元や足が止まった瞬間を編集ポイントにすると，比較的安定したカットつなぎが生まれます．しかし，動作が終了しない部分でカットをつなげると，不安定な印象を与えます．動きのある感覚を得たいときなどは，あえて不安定なつなぎをしますが，一般的には前者のような安定した編集点を選択します．

ワンカットの長さは，映像のテンポを作ります．同じ話でも，テンポよく話をされるとその話の内容がわかったような気になります．これと同じように，映像のつなぎにも受け手を心地よくするテンポが必要です．1つのカットの長さを決めるときは，前後のカットとの関連やカットに含まれる情報量，シーンのリズムを考慮します．たとえば，ロングカットの映像は多少長くてもいいのですが，アップの映像はあまり長いと，見ているほうが目を逸らしたくなったり，おしつけがましいと感じたりします．3フレーム（約0.1秒）違っ

ても，感じ方が変わってしまいます．難しいことですが，自分の中にもう1人の自分を用意して確認できるといいですね．

映像でつなぐ

1シーンを3カットで編集してみましょう．3カットで表現していくことの応用で表現が豊かになっていきます．「撮る」項目で5W1Hを説明しましたが，その5W1Hで取材してきた素材から「どこで・誰が・何を」しているかを表す部分を選び，一つの行為の状態を説明していきます．伝えたいことを表現するのにふさわしいカットを見つけ出して構成してみましょう．

ワンカットだけの映像は，それ自体では幾通りもの見方（読み方）が可能です．犬が1匹歩いているワンカット映像を例にしましょう．ただの犬（生物として！）と見る人もいれば，可愛いと思う人もいます．犬にかまれた経験がある人は，そのときのことを思い出して「こわい」と思うかもしれません．「権力の犬」という言葉を連想する人もいるでしょう．これは，言葉の表現でも同じで，「犬」という言葉からはさまざまな連想が可能であり，個人によって意味が変化していきます．意味に多義性があるわけです．

このワンカットの映像を複数つなぎ合わせることで，新たな意味を発生させていくのが「編集」です．文章で表現する場合も，単語を並べることによって自分の伝えたい意味を形作り，推敲していきますが，それと同様の作業です．どのように並べていけば，自分が伝えたいことが表現できるのか，苦しむところですね．

こんな実験をしてみました．ひとりの男性の表情をクローズアップした映像と，それとは全く関係のない映像を用意して，つなぎました．3カットつなぎです．

A．男性　→　赤ちゃん　→　男性
B．男性　→　交通事故　→　男性

これを見た人の反応．Aを見た後では，男性がかわいい赤ちゃんを見て幸福な様子が感じられたということです．一方，Bを見た後では，悲惨な事故に直面し，悲しみを抑えている様子が感じられたということです．

　実は，この実験で使った男性のクローズアップは全く同じ映像でした．全く同じ映像なのに，Aのつなぎ方では「幸福」を，Bのほうでは「悲しみの抑制」を表現したことになります．つなぎ方ひとつで男性の表情の意味まで変化したように見えるのですね．複数の映像をつなぐと個々の映像が持っていた意味とは別の意味が発生することになります．撮影の意図とは別に，編集の仕方で映像の持つ意味が変わっていく可能性もあるということがわかると思います[9]．

　この実験を高校の授業風景の映像編集に応用してみましょう．まず，40人ぐらいの教室で先生が板書しながら説明している様子を映し，次に数人の生徒のあくびを映します．そしてまた，板書している先生．こんなつなぎ方をしたら，この授業が退屈であるように感じられます．一方，あくびの映像の代わりに，せっせとノートを取っている生徒の映像や黒板を見ている生徒の映像をつなぐとどうなるでしょう．まじめな緊張した授業の雰囲気が漂ってきますね．

　こうした映像の特性を考慮しなければ，ワンカットずつ，どんなに思いを込めて撮った映像であっても，伝わる内容はガラリと変わってしまいます．逆にこの特性は，抽象的な概念を表現する際に生かせます．抽象的な概念は1つのカットで表現することが難しいのですが，複数のカットを連続させて配置することによって，抽象的な概念でも伝えることができるようになります．

　改めて自分が伝えたいことに照らし合わせて再構成していきましょう．編集とは，そのようにすることを繰り返しながら，映像で意味を生み出していく行為です．

　さて，皆さんが編集した映像は，初めて映像を見る人に伝わるでしょうか．3カットの構成がどのような意味を生み出すか，自分の

[9] これは，レフ・クレショフ（1899-1970年）というロシアの映画監督が行った実験をもとにしたもので，「クレショフ効果」と呼ばれる．1920年頃，クレショフはイワン・モジューヒンという俳優の顔が写っている資料映像とそのコピーを用意し，食卓の上のスープ皿，死体，女性のセミヌードとつないでいった．

テレビをつくる

感性と相談しながらつないでみましょう．

音でつなぐ

　テレビの番組作りの現場では，「音でつなぐ」という言葉をよく使います．映像をつなぐのは当たり前なのですが，実は音がどうつながっているかが番組の出来栄えを決定づけることが多いのです．

　取材してきたお祭りのテープを見てみましょう．お神輿が担ぎ手たちの肩の上で大きく動いている映像とともに，「ソイヤ！　ソイヤ！」といった勇ましいかけ声が聞こえてきます．あるいは鉦（かね）や太鼓，お囃子（はやし）の音も入っているでしょう．そういった音声を中心にしてつないでいくと映像のつながりにも説得力が出てきます．

　音でつなぐとき，インタビューも重要な要素になります．毎年行われている，町のお祭りは，何の目的で行われているのか．今年のお祭りは去年と比べてどのような変化があったのか．お神輿を担いでいる人たちには何か変化があるのか．子どもたちはどのように参加しているのか．女性たちはどうか．参加した人はどのように感じているのか．そういったことを答えてもらい，効果的と考えられるところに置いていくのです．つまり，インタビューは，ある現象が起こった理由（Why なぜ）や，あることが終わった後の感想（行為の評価）を表現するのに適した方法です．インタビュー素材を効果的に使う工夫をしてみましょう．

　しかし，取材でさまざまなことをインタビューしてくると，ついそのインタビューで全てを説明するような編集をしてしまう落とし穴にはまることがあります．それをしてもいいのは，そのインタビューに答えてくれた人が何についてどのように話すのか，それ自体に意味があって，誰もが知りたいと思うような人の場合に限られます．お祭りであれ，何であれ，言葉で説明する場合は，長いインタビューより，精査したナレーションのほうが短く的確に表現できます．また，例えば，お祭りのにぎやかさや楽しさ，人々の表情，場

合によっては，事故が起きた……等，インタビューの音より，映像で表現したほうが一目瞭然の説明ができますね．インタビューでは，その人でなければ言えない言葉や表情を大切に編集しましょう．

　テレビのインタビューを見ているとき，声は自然につながっているのに画面が一瞬ガクッと動く時があります．これは，カメラを動かさずに同じ位置で（「同ポジ」とも言います）撮ったインタビューを取捨してつないだときに起こります．このようにつないだカットを「ジャンプカット」，つなぎ方を「ジャンピング」と呼ぶこともあります．つなぎ目のショックを解決するために他のカットを挿入する方法があります．しゃべている人の顔がアップになっていたのに，急にインタビューアがうなずいているカットや2人が話しているロングが映されることがありますね．ジャンピングが不自然だと思ったディレクターや編集マンが，こうしたカットをつなぎ目にかぶせて自然に見えるように編集したものです．

　ディレクター，またはテレビ局の方針によってインタビューのつなぎ方について見解はさまざまです．ジャンピングを嫌う人もいます．それは，被取材者の話の内容や趣旨を編集で変えることができるからです．例えば，こんなケースを想像してみてください．

　「今度のテストで満点が取れなかったらどうしよう．90点未満だったら僕は野球部をやめる」というインタビューを編集して，
　「今度のテストで／満点が取れなかったら／僕は野球部をやめる」

とつなぐこともできてしまいます．編集者の意図で，インタビューに答えた人の意図と反対のインタビューを作り上げることだってできる．編集にはそんな力が秘められています．

　限られた時間に有効なインタビュー素材を使わなくてはならないため，趣旨を変えない範囲で，インタビューをジャンピングで編集することはよくあります．活字メディアでは普通に行っていますね．

テレビをつくる

最近では,「ここでつなぎました」と編集点がわかるように,短い(30秒以内くらいの)インタビューにはインサートカットを入れない編集が増えています.

まとめる(パッケージにする)

座りのいい表現がある

作品の全体が編集できました.いよいよ「作品をパッケージにする」作業が最後に待っています.この行程には,ナレーションを入れること,効果音や音楽をつけること,そしてタイトルやテロップ[10]を加えることがあります.これらは,見る人に興味を持ってわかりやすく受け入れてもらうための「盛りつけ」であり「お化粧」といった感覚です.

作品で伝えたかった内容やテーマをより引き立たせるためには,「盛りつけ」だけに凝っても内容と釣り合わず,また装飾が足りないとせっかくの作品が引き立ちません.そこには必ず「座りがいい」「もっとも似合う」表現方法があります.それぞれの表現が「この作品に本当に必要か」という視点から考えてみましょう.

たとえばNHKの番組「名曲アルバム」のようにナレーションのまったくない番組もあります.この番組は音楽そのものが中心であり,映像はその曲の背景となる情報や作曲家の故郷などを映し,映像や音楽で伝えられない情報をテロップで説明しています.これは,もっとも伝えたい素材である「音楽」を邪魔しないために考えられた,名曲アルバムの「座りのいい表現方法」なのです.

同じくNHKの番組「小さな旅」では,その土地の自然や素朴さを表現するために,1カットを長めにしてBGMやテロップをなるべく使わないように工夫しています.この例も,現場の音と自然な

(10) 正確にはスーパーテロップと言う.字幕スーパーとも呼ぶ.

会話を大切にした「小さな旅」のこだわりでもあり「座りのいい表現」なのです．

伝わる言葉・伝わらない言葉

　映像作品にとってわかりやすい言葉とは，耳で聞いてわかる言葉です．新聞は限られた紙面で表現することが求められ，すっきり簡潔な表現をしていますが，よく読んでみると「漢字語」（漢字で構成されている言葉）が多く使われています．新聞は黙読を前提としたメディアであり，「見てわかる言葉」・「漢字語」を使ったほうが，記者にとって文字数を節約でき，読者にとってもわかりやすい表現方法になるのです．ところが映像では，耳で聞いて1回でわかる言葉を使った表現が求められます．映像メディアに適している言葉は「和語」であり，漢字語や漢字に依存している言葉は「耳でわかる言葉」・「和語」に言い直して使っていきます．どうしても同音異義語が多い漢字語を使わなくてはならないときは，テロップで視覚的に補完しながら見せる工夫が必要です．

　一般的な日常会話はほとんどが3秒間で表現できるようです．ナレーションも，なるべく短いセンテンスで表すことが求められます．長いセンテンスでは最初の情報がわからなくなってしまうことがあり，「おや？」と考えている間に映像は流れ，お話が先に進んでしまうからです．

　伝えたいことは，短い言葉で象徴的に表す．この技術は，何を言いたいかを端的に表現するというだけではなく，とてもテレビ的・映像的な言葉の表現方法です．うまくいけばスマートですが，ステレオタイプ[11]の表現を生み出すことにもなります．

(11) 本書94頁を参照．

BGM

　映像作品に使われる音楽には2つのパターンがあります．作品の全体的なイメージを作り出すテーマソング．場面の雰囲気を作り出

**テレビを
つくる**

すBGM（back ground music）です．ドラマばかりでなく，ドキュメンタリーやニュース番組の企画コーナーでも，場面に合わせて効果的なBGMが使われます．現場音やナレーションを邪魔しないために，歌詞のない音楽の選曲が一般的です．しかし，音楽は1つの完成された作品で，そのメッセージはとても強く，編集された場面に大きな影響を与えます．

　悲しそうな場面には悲しそうな音楽が，怖そうな場面では聞いているだけで怖くなってしまうような曲が使われ，場面の意味や雰囲気を効果的に深める使用方法が一般的な使い方です．しかし，動物園のサル山の映像があったとします．その映像に楽しそうな曲を載せれば，楽しそうなサルの仲間に感じられ，悲しそうな曲がかかれば，雰囲気は一転して小ザルが親にはぐれたようにも見えてきます．BGMと言っても，音楽は場面の雰囲気を決定する力を持っているのです．そのことは音楽次第で，その場面の印象（意味）をコントロールできることを意味します．そのシーンを音楽で意味づけたいときはシーンの初めからBGMを入れます．しかしシーンの雰囲気を盛り上げたいのであれば，シーンの途中からBGMを入れます．

　どちらにしても本来のシーンの意味を変えてしまうくらいですから，BGMをつけるか否かを含め，音楽選びには慎重な姿勢が必要です．

　テレビ局では，BGMだけを選曲する仕事のプロ（選曲），効果音だけを選んでいく仕事のプロ（効果）がいます．映像メディアにとってそれだけ重要な要素なのです．

テロップ

　テレビ番組は映像（Visual）と音（Audio）で成り立っています．ところが最近第三の要素「文字」（Text）がクローズアップされ，「テロップ」の数量がかなり増加しています．以前は，文字情報に注意力を向けると映像に集中できない，また，あまりテロップが多

いと，映像で判断してもらうべき事象に対して，作り手の意図が前面に出過ぎ，映像が伝えるべき内容をゆがめてしまう恐れがあると考えられて，テロップの使用を嫌う作り方が主流でした．

　しかし，今は，バラエティやワイドショーはもちろんのこと，ニュース・ドキュメンタリーでも，テロップが多用されます．「そして」とか「しかし」といった接続詞を効果音とともに画面いっぱいに登場させたり，インタビューをそのまま文字にして画面に書き込むことが，すっかり当たり前のようになっています．これは，リモコンの普及によるザッピング視聴（チャンネルを短い間隔で変え，見たいところだけ視聴する）に対して，できるだけ多くの情報を画面に集約させたり，一目で話している内容がわかるようにして，なるべくチャンネルを変えさせないようにする対策であり，他局からチャンネルを変えていきなり番組を見ても，どんな番組で何をやっているかわかるようにするという狙いもあり多用されている表現方法です．

　しかし，テレビ局には，頑としてこういう方法を拒否するディレクターもいます．さて，皆さんは最後にどんなテロップを作品につけますか．テロップを画面に出している時間は速い黙読で3回読むくらいの長さが基準です．少なくする，たくさん使うどちらにしても，作品を見てくれる人を意識しながら表現することには変わりありません．かっこよく品のいいラッピングにしましょう．

コラム02 撮影のための基礎知識

林直哉（長野県梓川高校教諭）＋**倉田治夫**（テレビ信州）

このコラムでは撮影に役立つ14のポイントを紹介します.

①動画

　テレビの映像は，実は「連続した静止画」であり，1秒分の動画は30コマ（フレーム）の静止画から成り立っています．1コマ1コマは静止している映像なのに，連続すると網膜の残像現象によって動く映像に見えてしまうのです．カメラマンや編集マンは，こうした特性を知り，利用して自分の抱いた感覚を表現しています．

②テレビ画面に写る範囲

　ファインダーに写っている映像が全てテレビ画面に映るわけではありません．だいたい中心から80パーセントが映されています．周りの2割くらいは映されないことを計算にいれて撮影しましょう．

③カメラの角度（アングル）

　「見上げ」はローアングルで，被写体が偉そうに見えます．「見下げ」はハイアングルで，被写体が寂しそうに見えます．

| 見上げ | 見下げ |

新鮮なアングルには，「極端なローアングル」（地表を這うような視点か

ら見ると見慣れた世界も新鮮に映る)，「鳥瞰(バードビュー)」(全体を見るのにとてもよいカット)があります．

④越えてはいけない線
　撮影の対象となる人と人の位置関係を逆転しないために撮影者が意識する限界線をイマジナリーラインと呼びます．図のようなラインを想定します．そのラインの手前で撮影すればAさんは左側，Bさんは右側に，このラインを越えて反対側で撮影すると，今度はBさんが左側，Aさんは右側に写ります．そのままこの2つの映像をつなぐと位置関係が逆転してしまうので，見ている人が混乱します．どうしてもイマジナリーラインを越えて撮影する場合，ラインを越えているところも撮影する必要があります．ドラマなどではクレーンを使い背後から回り込んで撮影したカットにお目にかかります．

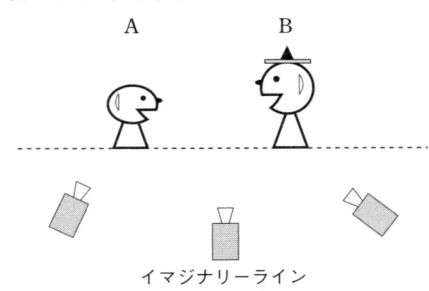

イマジナリーライン

⑤光
　撮影は「光を背に」するのが基本です．皆さんは逆光で失敗したという経験がありませんか．太陽や照明ライトがカメラの後ろにあれば，被写体にしっかり光が当たり，明るく見やすい映像が撮れます．
　この世で一番強い光は太陽光です．室内では，太陽光が入ってくる窓を背にして撮影します．屋内で照明用のライトを使う時は，直接被写体に当てずに天井の反射を使って照明をやわらげるなど，ライトの角度も工夫します．白い壁をバックにして被写体を撮影することも避けましょう．絞りをオートにした状態では，白に近い壁をバックにすると，カメラのオート機構はその明るさに合わせて絞りを調整します．光は，映像の基本です．被写体に当てる角度で色々な表情を作ることができます．
　順光撮影——見やすいが，平板で立体感の乏しい映像．

逆光撮影——被写体の後ろから光を当て被写体を背景から浮かび上がらせる．ステージ照明では「目つぶし」ともいう．また，水面の反射や太陽光線自体を撮影することもある．

⑥画角

映像はさまざまなサイズのカットで成り立っています．その写る範囲が画角で，大きく分けて3つの種類があります．

1. ロング・ショット（遠景）——引いた映像，場所や全体像を示す
2. ミディアム・ショット（中景）——状況を説明
3. アップ・ショット（近景）——強調，何なのか，何をしているのか

ロング・ショット

アップ・ショット

ミディアム・ショット

人物を撮るときのサイズには，次の5つがあります．

1. フル・ショット——人物の全身を入れる
2. ウエスト・ショット——人物の腰から上を入れる
3. バスト・ショット——人物の胸から上を入れる
4. アップ・ショット——画面いっぱいに顔をとらえる
5. ビック・クローズアップ——顔の部分の表情を強調する

編集の基本として「アップ，アップはつながるが，ロング，ロングは

つながらない」といわれています．アップのカットがないと編集が困難になってしまいますから，撮影のときに注意しましょう．

⑦マイクの種類

　マイクには，用途に応じていろいろなタイプがあります．

　　指向性マイク――マイクを向けた軸方向の音声を拾います．周りのノイズを拾わず，聞きたい言葉だけを収録できるため，街頭など，騒音のある場所でのインタビューに向いています．指向性マイクは音の入る方向が決まっているので，その方向にマイクをしっかり向けましょう．実況中継の接話マイクや，歌手の持っているハンドマイクもこれです．

　　狭指向性マイク――ガンマイクとも言われる種類で，少し離れた音も拾います．スタジオのオーディエンスの音声を拾うことなどに使います．

　　無指向性マイク――多少マイクの向きがずれていても，音を拾うことができるので，どの方向からの音声も均一に音を拾います．座談会などで真ん中に立てておくと四方の音が入ります．

まずマイクの特性を確認しましょう．マイクと音源（口）の距離は，30センチメートル位が適当です．近づきすぎると，リップノイズ（唇や唾の音）や，息が直接マイクにかかり不快な雑音を拾うことになります．しかし，遠すぎると録音したい音が拾いにくくなり，周りの音が混ざって聞きづらくなってしまいます．

⑧音楽会を撮る

　音楽会など演奏の収録を1台のカメラで収録するテクニックを紹介します．楽曲が2番まであるものは，1番は，少し引いたロングの画角で，音を優先して途中で止めずに1番全てを収録しておきます．2番では，演奏者の手元や表情をアップカットで，またステージとは反対側になる観客の鑑賞する様子も収録します．最初に収録した1番の音と映像にこの2番で収録した演奏者の表情や手元，観客の映像を，編集で挿入すると，自然な音楽クリップができあがります．

⑨フレームイン・アウト

　撮影しているファインダーのフレームに，被写体が入ってくる撮影方法を，フレームインといいます．何かが始まることを表現するのに適しています．左側から入ってくると始まりを強く感じます．

　反対に，フレームから被写体が出て行く撮影方法をフレームアウトといいます．何かが終わること，または，そのシーンの終了を感じさせます．特に右側に出て行くと，終わりを感じさせます．

⑩ズーミング

　ズーム・インは広角から望遠にして，被写体の一部をアップにする手法です．カメラマン自身が被写体に注目し，一種の緊張状態を作り出す手法です．画面を見ている人にこの感覚を伝え，被写体にぐっと注意を集中させます．

　これに対してズーム・バックは逆に広角に引いていく手法です．被写体の一部分をまずアップで撮っておいて，それから次第に広角にすることによって，被写体の周囲の環境について表現できます．見ている人は，特定の一点に集中していた緊張感から次第に開放されていきます．

　ズーミングは見ている人の心理に対して積極的な働きかけをする撮影方法です．当然そこにカメラマンの意志が働くことになります．ベテランカメラマンは，それ以外の手法では表現することができないと感じたときに限ってズーミングを採用するといいます．

⑪季節のカット

　テレビは，味や温度，触感を伝えることができません．このような感覚を伝えるにはどうしたらよいでしょうか．季節や温度を伝えるために青い空に浮かぶ雲，樹木，植物，花，車窓から見える田園など，さまざまな映像素材を組み合わせていきます．

　たとえば，夏の暑さを伝えるには，「ぎらぎら輝く日の光，そびえたつような入道雲，セミのアップ」，「外で遊ぶ子どもの顔からしたたり落ちる汗」など．

⑫お話を切るカット

　1つのお話を切って終わらせるカットも必要になります．ドラマで言えば，エレベーターやドアが出てくると，そのシークエンスが終了する前兆です．エレベーターの扉が閉まったところで次のシークエンスに移っていくのですが，ドキュメンタリーはそう簡単にいきません．収録しているときから，構成項目を終わりにする（切る）カットに気を遣って収録しておきますが，それでも足りないものです．紀行番組などでは1つの場所の話題が終わったところで，次の目的地の映像に変わる前に車窓の風景をはさむことによって時間と空間の移り，季節やその時期の風景，空の雲，夕焼け，月などどこでもあまり変わりなく撮影できるカットを入れて，シークエンスとシークエンスを切って編集します．

⑬ナレーター

　テレビ局で番組を作るときはアナウンサーや俳優，声優などがナレーションを担当します．番組の成否がナレーションで決まってしまうことが多くあるので，担当者は，自分の伝えたいこと訴えたいことをもっとも適切に伝えてくれる人を選びます．深刻な問題を扱った番組でも，明るく弾んだ声のナレーターを選ぶと，その深刻さが緩和される印象になるのが不思議です．学校などで番組を作るときにも，いろいろな人の声を聞き比べて，どの人に読んでもらうか決めるといいでしょう．

　明瞭な発声，声の善し悪しも大切な要因ですが，特に重要なのは作品のイメージにあった雰囲気です．

⑭効果音

　効果音は通常その原語 sound effect の頭文字を取って SE と言います．祭りの「ワッショイ！　ワッショイ！」という掛け声や「チュンチュン」というスズメの鳴き声など，自然界に現実に存在する音の録音と，コンピュータで合成した音があります．場面をわかりやすくしたり，印象的にする場合に使います．BGM と同じく場面のイメージを深める効果があります．効果音の CD などから音をコピーして映像にかぶせることも可能です．しかし，SE が番組のイメージを変えてしまったり，イメージをことさらに強調してしまうことがあるので注意が必要です．

テレビをつくって，見せる

小川明子

「見たいもの」と「見せたいもの」のはざま

　この章を始めるに当たって，2つの例を見てみましょう．

　1つ目．入学式や運動会で，親が家庭用ビデオで子どもを追う姿はすっかりおなじみの風景となりました．私もビデオでせっせと息子の成長を記録していますが，その時は必死で撮ったビデオも，あとで再生してみると長々と同じ映像が続いていたり，大事な部分で画面がぐらぐら揺れたりして，長い時間見るのは大変です．それでも，私は自分のかわいい息子が微笑んでいるシーンを見たくて，繰り返し再生します．こんなにかわいい息子だから，きっとみんなも喜んで見てくれるに違いない．そうだ，職場の同僚にも見せてあげよう．

　こう考えて，お昼休みに職場のテレビで子どもの運動会の様子を流します．喜んで見てくれると思った同僚は「かわいいね」なんて言いながらも，あんまり楽しくなさそうです．どうしてでしょうか．

　もう1つの例．まちづくり活動をしているグループのおじさんが，買ったばかりの高価なビデオカメラを手に語ってくれた談話です．

　　カメラを持って私は変わったね．私はそれまで何かと遠慮がちだったのだけれど，ビデオカメラがあるといろんな人に話が聞ける．カメラを持つ前は，どうも身内だけで考えて悩んでいたよう

な気がする．それが映像で活動を撮影して，放送してもらう，つまりみんなに見てもらうという目的を持ったら，いろんな人のところに行って，話ができて，その後の活動に参加してもらったりもできる．ほんとに不思議やね．このビデオカメラってやつは．

　同じビデオカメラを使っていながら，この2つの例はいろんな意味で異なっています．
　映像制作には大きく分けて2つの目的があると思います．
　1点目は，自分や親しい人の間で気楽に楽しむ目的．2点目には，誰かに映像を「見てもらう」，つまりは「感じてもらう」「考えてもらう」という目的です．この場合，映像は制作者や見た人を変える力を持っている，と言い換えることができます．
　映像を制作すると誰かに見せたくなりますが，「見てもらう」のは大変です．最初の例に戻ると，私にとっては一番「見たいもの」「見せたいもの」でも，相手にとってはそれほど「見たいもの」ではありません．これほどではないにせよ，往々にして，「見せたいもの」と「見たいもの」はそれほど簡単に一致しないのです．「見せたいもの」を「見てもらう」ためには，「編集」作業も新たに必要になるでしょうし，特別な工夫や配慮も必要になってきます．ひいては，自分と見てもらう人の関係性や，文化，社会に関しても思いをめぐらし，自分とメディア，そして社会との関係性をとらえなおすことも必要になるでしょう．「見せる」ことを考えはじめると，きっとさまざまなことに目覚め，メディアのことがよりわかるように思います．
　それでは，自分が「見せたいもの」を相手の「見たいもの」へ変えるにはどうしたらいいのか．いくつかのポイントやルールを手がかりに考えていくことにしましょう．

「しかけ」を施す──見てもらうための工夫

「伝えたいこと」を整理する──企画書・セールスシートを作る

「今からこの映像を見てくれない？」

あなたが自分の映像を誰かに見せたい場合，相手はおそらく「どうして」「どんな映像」と尋ねることでしょう．スピードが重視され，限られた時間の中でより効率を求められる現在，こうした問いにすぐに答えられるだけの説得力がないと，なかなかゆっくり座って映像を見てもらえる状況ではありません（これはまた別に考えるべき重要な問題ではありますが）．

放送局で番組を放送する場合も，実は同じです．そのツールとして，番組を立ち上げるときには「企画書」が審査されます．「企画書」とは，なぜ今，その番組を作ろうと思ったのか．その番組で何を伝えたいのか．どのくらいの規模の予算や日時，人材が必要なのかなどを簡潔にまとめたものです．たとえば，東京のテレビ局では，さまざまな部署，企業から出された何百という企画書が審査されて番組ができるそうです．また，民放では，こうした企画書が，企業にスポンサーになってもらう際の大切な情報にもなります．

つまり，たった1枚で多くの人を動かせるだけの説得力のある内容と理由付けが必要なのです．

それでは，映像を通じて伝えたいことはどんなことなのか．具体的にどんな番組になるのかを，あなたも映像で表現する前に，A4用紙1枚の紙に企画書（次頁参照）の形にして出してみましょう．

1枚の企画書で，映像を流す場所を提供してくれる担当者や関係者にわかりやすく説明し，放映に関わる多くの人を納得させるのです．長々と書くのではなく，それを見ただけで意図が読み取れるように内容がまとまっている必要があります．

ニュース企画案・セールスシート（例）

企画メンバー	東海テレビ・スタッフ
テーマ	ナゴヤ初めて物語⑤〜たいやきのルーツは津にあった
企画意図	自動車や航空機など東海地方は，「ものづくり」に長けた地域と言われている．そうした土壌の上に，この地方にはアイディアひとつで「全国区」になった企業や店がある．本シリーズでは，この地方で生まれた技術やアイディア商品の開発秘話を当事者などの証言をもとに伝え，この地方を「再発見」する． 　シリーズ第5弾では，テイクアウトおやつの定番・たいやき．実は，三重県津市が発祥だった．なぜ同地でたいやきが生まれたのか，初めて発売された店はいまどうなっているのかを探る．
内容・構成 （どんな映像か）	・昭和51年，「およげ！　たいやきくん」の大ヒットで起きた「たいやきブーム」． ・このたいやきを日本で初めて作ったという人が，伊藤正見さん． ・「インタビュー：伊藤さんにとって，たいやきとはどんな存在か」 ・たいやきを作るに至った経緯，なぜ鯛の形にしたのか（インタビュー含む） ・たいやきがどう広まっていったのか．「その時の感想は？」 ・伊藤さんに転機が訪れる．娘夫婦に店を任せ引退． ・しかし，昭和62年，夫婦はロシア料理店を始め，たいやきの店「日の出屋」の看板は32年で降ろされる．「当時の感想」「娘夫婦の考え」 ・だが，ファンの根強い要望に応え，娘夫婦は元祖たいやきを復活させる事に． ・復活はすんなりとはいかず，夫婦は悪戦苦闘．機械で作ろうとしたが，昔の味を出せず，結局手作りに． ・元祖たいやきは十数年ぶりに復活．「伊藤さん，ファン，娘夫婦の感想」
活動に必要なこと どこに取材する？	取材先 ・日の出屋（三重・津市） ・伊藤さんの自宅（三重・津市） ・藤堂高虎の像（三重・津市） ・ぴあっと（＝ロシア料理店，三重・津市）その他

> テレビを
> つくって,
> 見せる

　さらに,「放送」で映像を流すのであれば,「なぜ今」「どうしてここで」という2つの問いが重要です．どれだけ切迫した問題であっても,放映する局にとってそれなりの理由がないと簡単には受け入れてもらえません．たとえば,熊本の環境問題を愛知県で放送するには,それなりの理由付けが必要です．

　また,地上波の放送であれば,局や制作会社の人ではなく,なぜ「(素人である)あなたが」番組を作るのかということも問われるでしょう．これらに答えられるような内容であり,企画である必要があります．逆にいえば,どれだけ面白い内容でも,こうした条件をクリアしていないと放送してもらうことは難しいと言えます．

　そんなことを言われると,私たちが放送局に流してもらえる番組を作るのは不可能なように思えます．しかし,放送局の人々もすべての出来事に目を配っているわけではないでしょうし,当事者や学生にしか作れないオモシロイ映像があるのもまた事実です．

「つかみ」を工夫する

　何気なく見ていた番組に引き込まれ,見るつもりもなかった番組をつい見てしまった．そんな経験はありませんか．それはきっと番組制作者が「つかみ」に手間をかけたからでしょう．「つかみ」とは,見る気のない視聴者や迷っている視聴者に,「見たい！」と感じてもらうために制作する冒頭の数十秒間の映像のことです．これでうまく視聴者を映像に引き込むことができれば,あとはチャンネルを変えたり席を立ったりせずに,最後まで映像を見てくれるとも言われています．さあ,あなたならどんな映像をファーストカットに選ぶのでしょうか．

　ちょっとテレビを離れて,他のメディアを見てみましょう．他のメディアはどんな方法でお客を「つかんで」いるでしょう．

　たとえば,書店で本を買うときには,多くの人がその本の表紙や裏表紙,帯を見てどんな内容なのかをざっと眺めると思います．お

店側も，注目の商品は目につきやすいように平積みにしたり，推薦のひとことを添えたりしています．

　新聞では「見出し」でしょうか．見出しも注意深く見ると，字体や大きさなどが違っています．雑誌などは「つかみ」のオンパレード状態．電車の中吊りや新聞広告などには，あれもこれもと興味のある内容が躍っています．

　落語などでも，本題に入る前に，寄席に来ている客や他の噺家のことを軽くしゃべってお客の気をひいたりします．休み時間からおしゃべりに夢中になって振り向いてくれない学生にどんな話をしたら授業に引き込まれてくれるのか，教員も苦労しています．

　さあ，今すぐ本を閉じて，テレビを見てみましょう．テレビ番組はどんな方法で視聴者を，そしてあなたを「つかんで」いるでしょうか．そしてあなたはどんな「つかみ」で，視聴者をひきつけますか．

わかりやすく伝える

　私は放送局に勤めていたことがありますが，そのとき，「中学生にわかるように伝えるのが放送の役目だ」と常に言われました．放送は多くの人が見たり聞いたりするものですから，ことばや内容が専門的で難解になってはいけないというわけです．

　1つ例を挙げてみましょう．

　日本語には同音異義語がいっぱいです．たとえば「メディアセイサクがこれからの課題になってくると思われます」なんていうコメント．「メディアセイサク」と言われて，それまでの文脈から判断がつかず，視聴者が頭の中で「制作？」「政策？」と考えてしまうようでは，その次の内容がしっかり理解できなくなってしまい，結果的に映像そのものへの関心が薄れてしまうこともあります．こうした同音異義語は言い換えたり，説明をつけたり，字幕にしたりして見る人の混乱をなるべく避け，専門用語には説明を加えるなどし

テレビをつくって，見せる

たほうがいいとされています．

「わかりやすく伝える」ためにはそれだけでは不十分です．映像には，その場の雰囲気，におい，温度，味，抽象的な概念など，伝えきれない内容がたくさんあり，それらを視聴者に伝えるために，ナレーションやレポート，字幕といった「ことば」で補っています．しかし，「わかりやすく」伝えるのはことばだけの問題ではありません．映像を組み立てる際にも同じことが言えるのです．

こんなことがありました．ゼミの学生が「四日市商店街のイベント」を取材し，3分ほどの映像に編集して持ってきました．しかし見てみると，この祭りがどんなイベントなのか，私にも他の学生にもさっぱりわからないのです．なぜこういうことになってしまったのでしょうか．

答えは，「四日市市民以外の人にとって」映像の組み立て方がわかりにくいものだったためです．四日市を知らない人にとっては，まずその商店街がどんな場所で，普段どのくらいの人出なのかといった基本的な事情が全くわかりません．それらが説明された上でないと，切り取られたイベント映像だけでは十分に理解することができなかったわけです．

つまり，自分では当たり前と思ったり，実際に見ているできごとも，相手にはわからないかもしれないということを念頭において映像制作をする必要があると言えます．

映像は，何でも説明してくれると思いがちですが，実はとても伝わりにくかったり，間違って伝わる可能性を多く有したメディアなのです．ですからそれだけでは，まるで自分がそこにいるのと同じように相手に「伝わる」わけではありません．「伝える」ためには画面外の「説明を加える」ことも必要です．

それはことばだけではありません．映像でも，たとえばエスタブリッシング・カット[(1)]などを本編に加えて編集することで，映像の内容にわかりやすさや説得力が出てきます．

(1) テレビの撮影でどこかの市町村で起きているできごとを取り上げる際には，その町の雰囲気を俯瞰できる山やビルを探します．たとえば，「愛知県稲沢市」「三重県四日市市」といっても，多くの人は，その町が都市なのか，工業地帯なのか，農村なのかすぐにはわかりません．つまり，どのような場所で起きているできごとなのかを示すために，こうした大まかな情報や映像を視聴者に提供する必要があるわけです．
これは，市町村ばかりでなく，「愛知淑徳大学の進路支援センターの取り組み」を紹介するような場合にもあてはまります．愛知淑徳大学とはどんな大学なのか．あるいは，そのストーリーは昼なのか夜なのか．空間的・時間的状況を先に説明しておく．その説明のためのカットをエスタブリッシング・カットと言います．

どんなエスタブリッシング・カットを選びますか？

「愛知淑徳大学の進路支援センターの取り組み」について紹介するとします．しかし，名古屋以外に住んでいる人にとって，この大学が，どういうところにあり，どのくらいの規模で，どういう学生が通っているのか，よくわからないでしょう．そこで，数枚のカットでそれらを簡単に説明し，本題である進路指導センターの活動へと話を進めてみましょう．皆さんならどんなエスタブリッシング・カットを使いますか．

①大学の全景

②キャンパスを歩く学生

③勉強する学生

④進路資料室の扉

⑤進路資料室内

テレビをつくって，見せる

テレビをつくって，見せる

誰に見せるか考える

　ある大学の先生のもとで映像制作を学んでいる学生が，運よく地上波のテレビで自分たちの映像を流してもらえることになりました．映像としてはなかなかよくできていたのですが，字幕が丸文字の紫色でつけられていたので，先生は「この字幕はどうかな」と忠告されたそうです．しかし，学生たちは「これが今風なんです！　先生の考えは古くてNHK的！」と強硬にその字幕を変えようとしませんでした．ところがふたを開けてみると，やはり放送局の担当者に「この字幕は好ましくない」と言われ，彼女たちは無言で地味な白い字幕に作り変えていた，とその教授が笑いながら教えてくれました．

　このエピソードは大切なことに気づかせてくれます．学生たちは誰に映像を見せようとしていたのでしょうか．漠然と「テレビで放送する」と考えていたのでしょうが，その受像機としてのテレビの前に座っているのはいったいどんな人なのでしょうか．見せる相手が自分たちの仲間であれば，紫色の字幕だろうが，ケータイの顔文字だろうが問題ないかもしれませんが，テレビ，特に地上波テレビの場合は，お年寄りから子どもまで，ありとあらゆる人が見ています．見たこともない顔文字の意味や見慣れない紫の丸文字が彼らに一瞬で理解できるでしょうか？

　多くの場合，学生は，学校，家庭，塾など比較的狭い社会で生活していて，家族や教員を除けば，同じ年齢の友人と過ごす時間が多いでしょう．そのため，自分たちの間で「わかっていること」「面白いと思うこと」が，そのまま外の社会で暮らす人々にも伝わると考えてしまいがちです．

　「見せる」という行為は，見る相手を思いやって，初めて意味あるものになるわけです．

視聴者を設定する

　それでは，自分たちが，映像を通して伝えたいことは何なのか，誰に見てもらいたいのかを考えることからスタートしましょう．たとえば，1年目の民放連プロジェクト（東海地区）では，「高校生とお金」というテーマで映像が作られました[2]．番組が放映されることになっていたのは，夕方の地域ニュースの時間．そこで彼らはその時間帯に番組を見ているのが，高齢者や主婦だろうと考え，自分たちの両親，祖父母の世代に伝えたいことが何か考え，自分たちとおこづかいについて，自分たちの意見を主張したいと考えたのです．

　このように，最初から放送されることが決まっているような場合は，非常にラッキーで，その番組の視聴者層がどのようなものか考えて番組制作を始めることができます．しかし，とりあえず何か問題意識や表現したいものが先にある場合には，その内容を誰に伝えたいのかを，先に考えておく必要があります．

　「校則を何とかしてほしい」という主張，地域の運動会の様子などであれば，どんな視聴者が考えられるでしょうか．より多くの人に見てもらいたいと考えるかもしれませんが，多くの人に見てもらうことをねらうと，先に述べた「説明」の部分に時間をとられてしまって，本当に見てもらいたい人にとって，逆に不満足な内容に終わりかねません．

　また，時として視聴者が設定しにくい場合もあります．たとえば，ゴミ収集日の早朝，あなたの家の前の収集場所でカラスがゴミをあさって散らかすことを問題にしたいとします．この例では，どんな視聴者が考えられるでしょうか．

どこまで説明するか――自分の文化を意識する

　「誰に見せるか」は，少し述べたように，「どこまで説明するか」ということに密接に関わってきます．

　先ほどの商店街のイベントの話を続けて考えてみましょう．学生

[2] 本書DVDに収録．愛知実践（東海テレビ放送）『テレビを知ろう2　高校生が番組制作に挑戦』，『テレビを知ろう2　高校生が番組制作に挑戦　完結篇』．

> テレビを
> つくって，
> 見せる

が作成した四日市商店街のイベントの映像は，商店街が普段どんな場所で，イベント時の人出がどのくらいの意味をもつかがわかっている人にとっては逆にわかりやすい作りだったのかもしれません．考えなければならないことは，その場にいたり，住んでいたりすると当たり前のことでも，初めて四日市のことを見る人にはさっぱりわからないということがありえるということです．

先ほどのゴミの例で言えば，近所の人に見せるのと，同様の問題に悩む全国の住民に見せるのとでは，説明の度合いが違ってきます．近所の人であれば，わざわざ場所や収集方法などについて説明することもないのかもしれませんが，異なる地域に住む人に見せる場合には，その地域が住宅街なのか商店街なのか，どのような収集方法なのか，自治体の対応がどうなっているのかなど，問題の背景についても少し説明してあげなければなりません．

普段，私たちは，同じようなテレビを見，新聞を読み，同じように学校や職場に通っているため，なんとなく，他の人々も，同じような文化のもとで生活していると考えがちですが，よくよく考えてみれば，学校，地域，所属する会社，性別，それに家庭によって，その文化も生活も実はさまざまなのです（私は夫婦喧嘩もこのあたりにカギがあると感じています）．ゴミを夜中に捨てる人や他の地域で悩んでいる人とは「文化」，つまりは「常識」や「生活」が異なっている可能性があります．

つまり，映像を誰に見せるのか考えることで，自分たちのルールや常識がどこまで通用するのかを考え，そして通用しない相手には何をどう説明し，自分の主張したい内容を伝えていくか考えることにつながっていくのだろうと思います．

異文化とは何もヨーロッパやアジアの国の文化ばかりではありません．同じ日本の中にも，同じ地域の中にも，学校の中にも，無数に異文化は存在しています．「誰に見せるか」を通して，自分の文化を知り，相手の文化を思いやる．そのことで，よりよい映像表現

ができるようになるのだろうと思います．

📼 メディアを選ぶ

　あなたがどこかで小さな釣具屋さんを始めたとしましょう．さて，あなたならどんなメディアを使って広告するでしょうか．

　地上波テレビはたくさんの人が見てくれますが，広告料は非常に高額です．バスや鉄道の車内広告なんていかがでしょう？　地元新聞に広告を載せてもらうという手もあるかもしれません．釣りの専門誌という方法もありますし，太公望が集まりそうなお店にチラシを置いてもらうのもいいかもしれません．もちろん，複数選択も可能です．ちなみに，広告業界は，何かを広告する場合，どのメディアをどんな人が見ているのかを徹底的に調査し，売り出したい商品の購買層，つまりターゲットにうまく到達するように考えています．

　映像を見てもらう場合も同じかもしれません．

　映像を見せたい相手が決まったら，次は，その映像を放映してくれる場所を想定しましょう．多くの若者にとって，映像を放映してくれる場所といって思いつくのは，テレビ局だけかもしれませんが，映像を誰かに見てもらう方法は，他にも無数にあるのです．むしろ，それぞれの映像に向くメディアを選んだほうが，視聴可能者数は少なくても多くの人に見てもらえる場合もあります．あなたの映像を見てもらいたい人は，どんなメディアを見聞きしているでしょうか．

地上波テレビ局で見せる

　多くの人が考えるのは，やはり普段見ている地上波テレビ局でしょうか．しかし，残念ながら，皆さんの制作した映像を，普段見ているような地上波のテレビ局で放送してもらうのはまだ困難な状況です．

> テレビを
> つくって,
> 見せる

　地上波テレビ局は競争相手である他の局に視聴者を奪われないように，つまり「視聴率」が落ちないように，常に気を配っていて，分刻みの視聴率を示したグラフと戦いながら番組を放送したり編成したりしています．どういう映像を流したときに視聴率が落ちたのか，どのタイミングで視聴者が離れていったのかをつぶさに分析していて，映像や音声の鮮明さ，カットのつなぎ方，話の展開などにあらゆるテクニックが施されています．地上波テレビは非常に多くの人が視聴するメディアであり，一番影響力の大きな映像メディアです．だからこそ，放送される内容には厳しいチェックが入るのです．また番組を資金面で補助するスポンサーとの関係も重要です．電力会社がスポンサーになっている番組で，原子力発電の危険性を訴える映像はそう簡単には放映されないでしょう．もちろん，現在では，ニュースでこうした問題を扱うときにはそのスポンサーがその回だけ下りるというようなこともしているそうですが．

　このようにさまざまなことを考え合わせると，民放連プロジェクトのようなお墨付きのある場合でさえ，単に「学生が作ったから」では簡単に放送してもらえないという厳しい状態が地上波放送にあります．

三重テレビの「ワクドキ元気」という番組．市民や学生が制作した映像を放送する．

しかし，だからといってあきらめてしまうのはこれまたもったいないと思います．三重テレビや熊本朝日放送のように，地上波テレビ局には，稀に視聴者の映像を受け入れてくれる局もありますし，皆さんのアプローチ次第で考えてみようという局が出てくるかもしれません．視聴者からのビデオ投稿を受け付けている局や，視聴者コーナーを持っているニュース番組なら結構数多くあります．みなさんの地域にある民放，NHK はどうでしょうか．一度チェックしてみるといいでしょう．

　いずれにせよ，初めからあきらめてしまうのではなく，一度門を叩いてみましょう．叩いて断られたら，この際，何故だめなのかもぜひ聞いてみてください．地上波放送局の置かれた厳しい立場が垣間見えるかもしれませんから．

ケーブルテレビ局で見せる

　地域によってはケーブルテレビ局がないところもあるでしょうが，現在，日本では 450 局あまりのケーブルテレビ局がコミュニティ・チャンネルと呼ばれる地域情報のチャンネルを持っていると言われています[3]．ケーブルテレビ局はおおよそ市町村のレベルを視聴対象にしていますし，地上波のような厳しい視聴率競争もありませんから，比較的地域の情報，映像であれば受け入れてもらいやすい素地があります．ケーブルテレビが地元にあり，なおかつ地域のチャンネルを持っていたら，その放送局の「編成」という部署に尋ねてみるといいでしょう．

　もちろん，市町村単位とはいえ，放送内容はそれなりに厳しい基準をクリアしたものに限られます．ケーブルテレビの場合，その運営主体が市町村なのか，株式会社なのかなどによっても状況が大きく異なりますが，民放や NHK をモデルにした「放送基準」[4]を持っていますから，それに抵触しないことが最低限求められます．それに加え，市町村営のケーブルテレビ局であれば行政の批判はしに

(3)「アンケートに見る全国ケーブルテレビのコミュニティチャンネル」『CATVnow』（Vol.72，2002 年 5 月）

(4)　放送局が，放送の公共性の保持と倫理・道徳の遵守を目的に，放送番組の企画制作や広告の取り扱いについて定めた自主基準．多くの民放が自社の番組基準に「民放連放送基準」の規定を取り入れている．民放連放送基準は，http://www.nab.or.jp/htm/ethics/fcode.html，NHK の番組基準は，http://www.nhk.or.jp/koukai/5provide/index.html

> テレビを
> つくって,
> 見せる

くいでしょうし,株式会社形態の場合には,ケーブルテレビ局は視聴者に「加入」してもらわなければならないという宿命を背負っているため,地域内の特定の個人や企業を批判することも難しい場合が多いようです.たとえば,あるケーブルテレビ局では,加入者が加害者になっている可能性があるため,交通事故などは放送しないことになっています.また,番組が地域視聴者の興味のあるものなのか,それなりにテレビ画面で見られる映像なのかどうかも問われます.局の人が映像を見やすく編集しなおすということもあるでしょう.

　とはいえ,「地域密着」を基本方針に,できるだけ多くの住民にテレビに関わってもらいたいと積極的に考えているケーブルテレビ局は決して少なくありません.ケーブルテレビは多チャンネルという強みを持っていますが,同じ多チャンネルを売り物にしているメディアにはCSなどの衛星放送があり,ケーブルテレビとこれらのメディアどうしが競争する際に,地域の情報を網羅した番組があるということがケーブルのメリットだと認識されているからです.このことは,CSなどの全国放送が一律に「降ってくる」のと違って,自分の子どもが映るかもしれないという身近なメディアであること,ひいては自分も参加できるかもしれないということに存在価値があるという考え方につながりますので,市民制作の番組も受け入れられやすいと考えられます.

　東京都の武蔵野三鷹ケーブルテレビや愛知県のキャッチ・ネットワーク,鳥取県の中海テレビや熊本県の熊本ケーブルテレビなどは,市民参加の映像を受け入れているケーブルテレビ局として有名なところです.

インターネットで放送する

　2003年末現在,日本では7730万人がインターネットに接続していると言われます.自宅にいながらにして,地域を超えて広く世界

に発信でき，世界の人々とコミュニケーションがとれるというインターネットの特徴は，表現という視点からも魅力的です．

インターネットで映像を見せる方法としては，現在，主に3つの方法があります．

一番簡単なのは，市民映像を扱っているサイト[5]の会員になって，テープを送ることです．たとえば，Our Planet TV では，会員になれば，映像制作会社よりも安い手数料で，編集から映像のエンコード（映像をウェブで見られる方式に変換すること），サイトへのアップまでを行ってくれます．技術的なことが苦手な人や時間のない人にお勧めの方法です．

2点目に，ホームページを作成したことがある人ならば，ダウンロード方式で映像を見せることはそれほど難しくありません．ホームページを制作する際，写真を載せることがあると思いますが，全く同じ要領で動画も載せられます．パソコンで取り込んだ映像をMPEG などの形式に変換し，そのファイルをページに貼り付ければ公開できます．見たい人はその映像を自分のパソコンにダウンロードして再生できます．最近では市販のホームページ制作ソフトでも，短い映像であれば簡単に載せることができるようになっています．

最後に，大容量のサーバーがあり，多少システムがわかるという人には，ストリーミング方式という，より放送に近い方法もあります．サーバーに負荷がかかるなどの問題がありますが，インターネットで生中継もできますし，見ている人と時間の共有ができ，臨場感あふれる放送が可能です．

インターネット放送などの場合，ブロードバンド環境になっていない地方や，海外の地域などではまだ放送が見られないところがあり，2005年の段階でブロードバンド環境にあるのはまだ都市部に限られるという問題はあります．しかし，今後徐々にブロードバンド環境が整えば，気軽に世界各地で映像を見てもらえる状況がつく

[5] http://www.ourplanet-tv.org　1万円を支払うと，格安でストリーミングサーバーが利用でき，映像のエンコード（デジタル化）やウェブサイトへのアップといったサービスを受けることができる．

られていくことになるでしょう．

ビデオ流通ネットワークを利用する

多少のお金はかかりますが，作品をカタログ上で売って，買った人に見てもらうという方法もあります．たとえば，「VIDEO ACT!」(6)は自主制作されたビデオの普及，流通をサポートするプロジェクトで，ここで公開されるものは，地上波テレビでは放送の難しいような硬派なドキュメンタリーから，身近な問題や話題を映像化したものまで，プロからアマまでありとあらゆる人からのビデオを募集していて，代行販売してくれます．

(6) http://www.videoact.jp

映像祭に出品する

「映像祭」というメディアは一般にはあまり知られていませんが，制作者にとってはとても魅力的なメディアです．というのも，他のメディアが往々にして「地域」のみでしか放映できないのに対して，映像祭は，視聴者数は限られるものの，異なる地域の人に見せることができ，しかもいい作品であれば，どこかまた別のところで放映してもらえるかもしれないわけですし，運がよければ賞金までもらえるというおまけ（目的？）付です．

一般市民が参加できる映像祭が，昨今増えています．たとえば，私の住む東海地方でも，飛騨高山ドキュメンタリー映像祭や，最近では地域づくりを映像で発信しようという「まちコミ映像祭」が2001年から名古屋で行われています．また，岡崎に関する映像収集の意味も兼ねて，岡崎市の視聴覚ライブラリーでも映像コンテストが行われていて，行政が音頭をとることもあるようです．最近では，商店街活性化の一環として，閉鎖した映画館で映像祭を行ったりするところも多いようです．

映像祭を企画することは，あなたでもできます．2003年に長崎で行われた「ながさきピースな映像祭」は，長崎シーボルト大学の

学生が，手弁当で作り上げた映像祭で，原爆の歴史を背負う長崎から，文字通り「平和でほっとする」映像を発信してみようという試みでした．このように，映像を見せる，出品するばかりでなく，何かテーマを決めて映像祭そのものを作ってしまうという試みも昨今では盛んになりつつあります．

学校や公民館，カフェで見せる

　以上，なるべく手のかからない方法を列挙したつもりですが，そんな時間も余裕も技術もないという方にお勧めなのが，学校や公民館，あるいはおうちで見せるというアナログな方式です．テレビモニターとビデオ，椅子さえあれば放映できるわけですから．

　非常に手軽でシンプルですが，実はなかなか面白い「メディア空間」です．他のメディアでは，オーディエンスの感想がなかなか聞けないというもどかしさを感じるかもしれませんが，直接人に集まってもらって，その場で一緒に映像を見ることで，どんなギャグがうけ，どんな内容で感心してもらえたかがすぐにわかるという「生」の魅力があります．

　テレビ局で働いていても，視聴者が自分の表現したことにどう反応してくれたのか，実はほとんど理解することができません．公開

「カフェ放送てれれ」の様子

> テレビを
> つくって，
> 見せる

放送でない限り，多くがスタジオから放送しますので，家庭で見ている視聴者の表情や感情はわからないのです．放送局に来た苦情や要望は視聴者センターで取りまとめられていて閲覧できるのですが，よほどの怒りでない限り，わざわざ電話をしてくる人は少ないですし，ましてや賞賛の電話なんてほとんどありません．そういう意味でも，一緒の空間で視聴するという体験は，作り手に多くのことを学ばせてくれるはずです．

ウケルに違いないと確信していたシーンでも観客はしーんとしていたり，意外な一言やシーンに歓声が沸いたりと，前節でも述べたような「異文化」を実体験することも少なくありません．放映後に，観客をつかまえて率直な感想を聞くことも可能です．

ちなみに公民館，学校など，文字通りの公共空間ばかりでなく，カフェで見せるというのも魅力的な方法です．これは，フランスの制作者たちが行っていた方法で，現在では大阪の「カフェ放送てれれ」などで行われている方法です．カフェ（コーヒーハウス）は人々が集い，議論を始める場所としての歴史を持っていますが，あなたの映像について，お客がコーヒーでも飲みながら議論してくれたらうれしいですね．

表現と責任——著作権と肖像権

あなたが自分で制作した映像は，それがどんなものであっても創作性があればあなたに著作権があり，あなたの死後 50 年間は保護されます．と同時に，あなたに権利が発生するのと同様，あなたが利用する「素材」や被写体にも権利が発生していることに気をつけなければなりません．

映像に BGM をつけると，より効果的に表現することができます．たとえば，犯人を探すような内容であれば，「ミッション・インポ

シブル」が，感動のシーンなら坂本龍一やアンドレ・ギャニオンのピアノ曲などが映像を盛り立ててくれるに違いありません．しかし，自分や，まわりの人たちと楽しむだけならいいのですが，公の場で見せたり，コピーして配るということになると，それなりに守らなければならないルールがあるのです．

　放送局での放映は，局と著作権協会との間での取り決めが別にあるため，基本的には問題ありませんが，問題になるのは上映会や映像祭への出品，ウェブでの公開などの場合です．

　たとえば，文化祭で学生がSMAPの曲をカバーして演奏したものを撮影し，ビデオにコピーして生徒の皆さんに無料で配るというような場合や，自分の制作した映像をお金をとってお客に見せるというような場合に著作権の手続きは必要とされていますし，ウェブで放映する場合にも細かな取り決めがあり，許可を得ずに公開すると罰せられることもありますので注意してください[7]．

　加えて肖像権の問題もあります．あなたが無断で誰かにビデオ撮影され，公表されたり，利用されたりすると，時と場合によって困ることもあるのではないでしょうか．同様に，取材した相手や映した相手にも，これらを差し止める権利があることを念頭に置いて撮影する必要があります．また，有名人には，これとは別に，財産権としての肖像権も認められていますので注意が必要です[8]．

　著作権は，作品を発表したり販売したりすることによって，創作・表現をした人に正当な利益が入り，そのことが次の創作・表現活動の源泉になるとの考え方から生まれました．あなたが映像で地下鉄サリン事件や9・11同時多発テロについて触れたいと思っても，それらの映像や写真の著作権は撮影したマスメディア企業に属している場合がほとんどで，自分で制作する映像で簡単に用いることができません[9]．

　このことは一面では当然ですが，制作する立場から考えると大きな制約でもあります．また，著作権を含む知的財産が国の競争力の

[7] 詳しくは，社団法人日本音楽著作権協会 http://www.jasrac.or.jp/index.html を参照の上，問い合わせてください．次も参照のこと．
ビデオ制作
http://www.jasrac.or.jp/info/create/video.html
ネットワーク関連
http://www.jasrac.or.jp/network/
文芸作品など全般的な著作権については，社団法人著作権情報センター
http://www.cric.or.jp

[8] 詳しくは，社団法人日本音楽事業者協会の肖像権についてのサイト http://www.jame.or.jp/syozoken/index.html を参照．

[9] 写真は新聞社や通信社が販売しているケースがあります．たとえば，共同通信社フォトセンター
http://kk.kyodo.co.jp/pr/photocenter/

> テレビを
> つくって，
> 見せる

(10) 水越 伸・NHK「変革の世紀」プロジェクト編『変革の世紀 Ⅰ 市民 組織 英知』（日本放送出版協会，2002年）第3章を参照．

基盤になるとされ，ビジネスとして著作権を厳しく管理し利益をあげようという傾向が強まっています．こうした傾向に対して，芸術や文化は先の文化の上になりたつべきものであり，すべての人が自由に使ってこそ文化や科学の進歩につながるという「パブリック・ドメイン（知識の公共財産）」という考え方もでてきています[10]．いずれの立場も創造性を重視することは一致していますが，「権利の保護・主張」と「共有化」のバランスをどうとっていくかが大きな課題になっています．

「表現する」ということ

この章を終えるにあたって，2つのことを考えてみてください．

1つには，映像表現技術は90年代以降，簡易化がすすみ，多くの学校や大学，家庭でたくさんの作品が作られるようになっています．しかし，それらが社会に向けて発信されているかと言うとかなり疑問です．どこでも視聴覚ライブラリーのようなところにひっそりと保管されていて，人の目にさらされることはほとんどないように思います．しかし，多くの作り手は「見てもらいたい」と思って制作しており，中には強烈なメッセージを伴った優れた作品もあるでしょう．それでは，これらをどのような形にして公開していくことができるのでしょうか．また，それらを公開することは，社会的に見てどんな意味を持つのでしょうか．

それに関連して，映像で見せられるものとはどんな内容なのだろうかということです．「つくる」だけでも，多くのことがわかります．たとえば，環境問題や人権問題など，「絵」になりにくい問題は取り上げにくかったり，匂いや温度なども表現しにくいメディアだと気づくはずです．それに加え，「見せる」ことができる内容となるとどうでしょうか．映像と視聴者の間に存在する「メディア」

は，どんな働きをしているでしょうか．

　おしまいに，手前味噌になりますが，私のゼミ生のことに触れて終わりにしたいと思います．
　空爆下のイラクに残ったフリージャーナリストの映像を見たゼミ生たちは，自分たちがテレビで見ていた戦争と異なる映像を見て強い衝撃を受けました．彼女たちは，学生だから，自由な立場だからこそできる「報道」がないだろうか，と考え，コミュニティ・ペーパーを発行し始めたのです．学生が気になっている「合コンパーティー」がどんなものか潜入取材し，その後の勧誘のしつこさを記事にした学生もいました．手話で歌うお兄さんの記事を書いた学生は，何日も同行取材し，本人から「これほどまでに自分の言いたいことを書いてくれた記者はこれまでプロにもいなかった」と言われ，そのお兄さんはペーパーを数百部自分の知り合いに配ってくれることになりました．また，商店街再生イベントの告知をするかわりに，自分たちのペーパーをそこで配ってもらう約束をしてもらうことにもなり，直接の交わりを持たない人たちにも自分たちの記事が届くようになりました．そんな中，どうすれば多くの人が読んでくれるのか，手に取ってくれるのか，人目をひく娯楽的内容と自分たちが本当に伝えたいことをどのように折り合いをつけていくのか，年代の離れた人や大学から遠い地域の情報をどう載せるのかなど，「読んでもらう」ことで派生したさまざまな問題にひとつひとつ悩み，試行錯誤しています．
　たった数ヵ月で，彼女たちのものの見方，考え方はかなり広がったように思います．コミュニティ・ペーパーとテレビというメディアの差はあるにせよ，「表現する」ということは，私たちを変えてくれる要素を持っているように感じます．
　カメラを持って表現者になる．あなたも，広がる世界を実感してください．

コラム 03 むずかしさと達成感

宮尾久枝（長野県長野西高校教諭）

　2001年，地元テレビ局と学校現場とが連携し，紹介番組を制作し放送していくことを体験する民放連メディアリテラシー・プロジェクトが始まり，長野西高校においても放送班と国際交流同好会が参加しました．テレビ信州の方々のご指導で，テレビの特性や番組制作の基礎を学び，国際交流の体験を通じて今まで抱いていたステレオタイプがどのように打ち破られていったのかということに焦点を当てた番組を制作しました．リーダーを務めた戸谷真君は当時を振り返って次のように述べています．

　番組制作に関わり，初めてテレビというメディアを介した情報の送り手となることの面白さとともに，メディアによって真実を伝えることの難しさを実感しました．また，送り手と受け手との関係のあり方についても考え，メディアを用いて情報を発信することは，送り手自身の意図に沿った情報の取捨選択であり，制約が伴うこともありメディアが真実を語り得ないことも往々にしてあるということを発見しました．さらに人は異なる環境のなかで，独自の文化や慣習，価値観に基づいて生きており，情報はそのフィルターを通して認識されるため，送り手の意図が必ずしも正確には伝わらないこともあるのだと気づきました．すなわち送り手と受け手が立場の違いを認め合い，尊重し合うことが必要で，送り手がただ一方的な伝達をしたり，受け手がメディアを懐疑的に捉えるだけでは両者の間に融合は生まれないということを認識しました．このプロジェクトに参加したことがきっかけでメディアの持つ可能性に興味を持ち，大学でさらに専門的に勉強したいと考えています．メディアとの関わり方をより深く追求することで，人間同士の積極的なコミュニケーションのあり方について考え，人との絆を築いていくための基盤としたいと思っています．

7～8月の2ヵ月間，夏休みも利用しながらこのプロジェクトに関わったわけですが，テレビ局の方々にテレビの特性と番組の作り方，インタビューの仕方などについて具体的かつ丁寧にご指導していただきながら制作を進めていきました．最も印象に残っていることは，何をどう伝えるかというテーマ設定や構成表作成の段階での話し合いで，生徒の間に予想以上の議論が沸き起こったことです．

テレビ信州「ゆうがたGet！」に出演

　8月末に行われた最後の編集作業では，夕方までに完成する予定が夜の9時過ぎまでかかるなどハードな作業が重なり，メディアへのハードルがいよいよ高くなってしまうのではと懸念されました．しかし，納得がいく番組を作るにはこれほどの労力がかかるのだということを身をもって経験したことでかえって達成感があったようで，その後，生徒たちの行動パターンの変化などを観察する限り全く逆の結果となりました．オンエア当日は番組制作の中心メンバーだった生徒がテレビ局に多数応援に駆けつけ，放送終了後もご指導いただいたディレクターの方々と，送り手として受け手に製作者の意図を伝えることの難しさについて積極的に意見交換を行う姿が見受けられ，今回の実践を通してメディアの送り手となることへの高い関心と意欲が伝わってきました．

　彼らのこうした意気はメディア表現へのさらなる意欲をかき立て，東京大学院生プロデュースによる韓国の高校生とのインターネットを用いた国際交流とメディアリテラシーを体系的に学ぶ『アジアの不思議プロジェクト』へと引き継がれました．

　テレビの特性を知り，メディアの送り手となるいわゆる「立場の逆転」における成果は，生徒の行動や意識の変革を導き，メディア表現活動に多大な影響を及ぼしてきたことで証明されますが，現在もメディアによって自分の主義主張をどう伝えるか，送り手と受け手とのコミュニケーションの活性化をどう図っていくかという難問への挑戦は続いています．

＊本書DVD「長野実践（テレビ信州）」を参照．

再びテレビを読む

山内祐平

表現者として他者の表現を見る

　自分の手で苦労して番組を作り，それを人に見せる喜びを感じたあなたは，テレビの見方が以前と少し変わっていることに気づくでしょう．
　ひとことでいうと，何も考えずに見ているのではなく，番組の場面ひとつひとつに自然につっこみをいれているはずです．

「あのカットとこのカットをつなげたのは，登場人物の個性を比較するためだろうか」
「このシーンにあの音楽をつけるのは，ちょっと意図が露骨すぎはしないだろうか」
「番組構成から考えると，この部分をここまでひっぱるのは何か理由があるのではないだろうか」

など，頭の中で自然にひとりごとが浮かぶようになっているはずです（念のためいっておきますが，これはそんなに疲れることでもないですし，これによって番組が楽しめなくなるようなことはありません）．
　番組を作ることによって，あなたの中で何が変わったのでしょうか．それは，「表現者として他者の表現を見る」という感覚です．

感覚というものはなかなか身につきませんが，長い間苦労して番組を作ると，たいていの人に表現者としての感覚が内面化されます．

ただし，これによってテレビを上手に読み取れるようになるかというと，そう単純でもありません．表現者として他者の表現を見るという感覚は，テレビを読み取るときに具体的なきっかけをたくさん与えてくれますが，大事なことはそこから想像の翼をはばたかせて，送り手のおかれている状況を考えてみることです．この章では，この想像の助けになるポイントをみなさんにご説明しましょう．

多くの人に見てもらうという条件

送り手の状況を想像する際には，自分で番組を作ったときのことを順番に思い出してみるとよいと思います．あなたが番組を作るときにまっさきにしたことはなんでしたか？

——そう，「企画」を作ることです．

通常，テレビ番組も企画や構成からスタートします（事件などをニュースでとりあげる場合は少し違いますが，一般の番組は必ず企画・構成の段階があります）．

あなたは，企画・構成のときにどのようなことを考えて番組を作りましたか．たいていの人は，番組を見てほしい人を思い浮かべながら，その人たちに伝えたいことやおもしろいと思ってほしいことを並べ替えて作っていったことだと思います．

テレビ番組も，基本的には同じようにして作られていますが，あなたが家族や友人に見せる番組とは少し違った要因が出てきます．それは，「多くの人に見てもらえるかどうか」という視点です．

民間放送では，多くの人が見る番組にたくさんのお金が入るような仕組みになっています．「視聴率」という言葉を聞いたことがあると思いますが，視聴率が高ければ高いほど，その番組にコマーシ

再びテレビを読む

ャルを提供するスポンサー企業からお金をたくさんもらうことができます．企業は多くの人にコマーシャルを届けることができますから，お金を払ってももとがとれるわけです．

　民間放送だけでなく，公共放送である NHK もこのことを無視することはできません．公共放送は多くの人々に，生活の基盤となる情報を提供する使命を持っています．そのために受信料をもらっているのですから，誰も見ないような番組を作るわけにはいきません．

　このような理由により，テレビでは，「多くの人に見てもらえるかどうか」ということが，企画や構成に大きな影響を与えるような仕組みになっています．テレビ局で働いている送り手（プロデューサーやディレクターなど）は，この条件にあう番組を作らなければならないという「かせ」を背負っているのです．

　もちろん，このような多くの人に見てもらうという条件は，時に，「視聴率さえとれれば何をしてもいい」という考え方におちいる危険性もはらんでいます．

　さて，みなさんがいま見ている番組に話を戻しましょう．この番組が放映されているということは，この番組は多くの人たちに見てもらえるという判断があったということを意味します．番組のどのあたりが多くの人たちに見てもらえそうなのかを考えてみましょう．それは多くの場合，次のような要因から成り立っています．

・時代状況にあっていること
　たとえば，流行のものをとりあげたり，最近起こった事件や事故などをとりあげる場合，それが最新の情報であり，多くの人の記憶に残っていることが重要な条件になります．そのため，みんなが忘れてしまった事件はなかなか番組になりません．

・欲望を刺激するものであること
　代表的なものは食欲ですが，性欲や名誉欲など，人間のさまざ

まな欲望を満たすきっかけになる情報は，多くの人が求める傾向にあります．グルメ番組や女性の肌が露出したシーン，スポーツで自分が応援しているチームが勝つことなどは欲望に直接うったえかけます．

・多くの視聴者が共通して持つ感情に対応していること
　たとえば，残忍な事件が起こった場合，多くの人はそれに対して怒りを覚えるでしょう．そのような多くの視聴者が共通して持つ感情があれば，それを前提とした番組を作ることによって，数多くの人に見てもらうことが可能になります．

　ここにあげたのはほんの一部なので，実際にはいろいろなバリエーションがあると思います．こういう書き方をすると，送り手は視聴率をとるために番組を作っているように見えるかもしれませんが，ほとんどの送り手はこの種の行為を意図的にというよりも「自然に」行っています．多くの人たちに届けるという条件を満たすために，普通にやっていることなのです．

　多くの人にメッセージが届くこと自体は悪いことではありません．ただ，このことが番組の可能性を狭めているとすれば，そのことを意識してテレビを見る必要があります．テレビ局では，どんな情報でも番組になるわけではありません．番組になるとすれば，そこには，多くの人に見てもらえるだけの要因があったからだということを意識しておく必要があります．

表現に込められた意図

　あなたは，自分で番組を作ったときに，多くの意図をそこに込めたはずです．番組の構成をどうするのか，どのようなシーンを撮影

再びテレビを読む

するのか，撮影したシーンをどの程度の長さにするのか，編集でどのシーンを残し，どこを捨てるのか，あなたが下した意志決定のすべてに，あなたの意図が反映されていたはずです．番組というのは，制作者の意図という「のり」でつなげた映像のかたまりといってもよいかもしれません．

当然ですが，プロフェッショナルであるテレビの作り手も，細かな表現のすべてに意図を込めています．ただし，私たちが番組を作るときの意図と，テレビの送り手が込める意図はおかれている状況の違いから，異なっている部分があります．

視聴者のターゲット

番組は流される時間帯によって，視聴者に偏りがでるという特性を持っています．たとえば，夕方4時から6時までの時間帯では，主な視聴者層は，主婦になります．番組のテーマの選択だけでなく，表現の細かい部分にまで，この主婦層をターゲットにした調整が行われることになります．料理や育児などの内容が多くなり，「激安」「お得」「簡単」「気持ちいい」「子どもが危ない」などの言葉が頻繁に使われます．

しかし，実際には同じように家にいて料理を作っている主婦でも，多様な考え方や生活を送っています．料理や家事分担に関する考え方も家庭によって違っているでしょう．しかし，番組は，多くの人に見てもらう必要がありますから，最大公約数的なもののとらえ方や考え方を前提に構成することになります．このような状況では「ステレオタイプ」という問題が発生しやすくなります．

ステレオタイプとは，型にはまった思考や認識のことをさす言葉です．たとえば，「女性は家事をするものである」というのは一種のステレオタイプです．女性は生まれながら家事をすることになっているわけではありません．男女が家事を分担する，もしくは男性が家事を行うという選択肢もありえます．

しかしながら，現時点では，歴史的な経緯によって家事をする女性が多いため，テレビのような多くの人を相手にするメディアは，どうしても女性の家事についてとりあげることが多くなります．そのため，多数に共有された価値観が強く伝えられ，伝えられた内容がさらに視聴者の価値観を強化するという循環が発生します．

生放送にも意図がある

前項で述べたように，テレビは，多くの人に見てもらうという前提のもとで成り立っています．そのため，テーマの選定だけでなく，細かな表現（映像表現・字幕スーパー・BGM など）のレベルでも多くの人に見てもらうための仕掛けが用意されています．番組の導入部にどのような字幕を使うのが効果的か，BGM によってどういう雰囲気を作ることができるのかについてなど，ノウハウをたくさんもっているのです．これに関しては，テレビを注意して見ていれば，ある程度自然に理解できると思います．

意外に気づきにくいのが，トーク番組などで，誰が何を話すのかという問題です．たとえば，血液型と性格に関係があるということは科学的には実証されていないのですが，関係があるとしか見えない実験映像を見せられ（そのときの実験の条件などについてはほとんど説明されません），タレントなどテレビ局以外の人が「やっぱり B 型って社会性ないよね」などというコメントをする場合があります．このケースの場合，放送局側は B 型に社会性がないということを直接述べているわけではないので，この発言に関する直接的責任を問われることはありません（間接的には放送することによって責任を負います）．しかし，こういう本当かうそかわからないけどおもしろそうな意見というのは，視聴者を引きつけますので，タレントや大学教授などでも，放送できるかスレスレの意見をいってくれる人の方が使いやすいということになります．

放送局によって，トーク番組の構成や形式は違いますが，参加者

再びテレビを読む

は，プロデューサーやディレクターが設定した意図にそって，番組をおもしろくするためにいろいろな役割を演じます．生放送や一発収録で編集なしの場合は，意図にしたがって細かいところまで作り込んだりすることはできないと思われるかもしれませんが，そのかわりさまざまな人々の意図があらわれているのです．

複数の人間の意図の交錯

わたしたちが，身の回りにあることを撮影して映像作品にする場合は，自分だけ，もしくは気心のしれた仲間で作業を行うことが多いと思いますが，テレビ番組は，組織的に制作されています．番組制作全体を統括するプロデューサー，番組制作の表現上の指揮をとるディレクター，撮影のときにはカメラマンや音声担当，編集のときには編集者，出演者や営業担当まで入れれば，1つの番組にかなりの人が関わっていることになります．

多くの人が関われば，いろいろな考えの人がいます．基本的な考え方は話し合いによって決定され番組制作が進行していきますが，考え方や感じ方の相違が新しい表現のきっかけになったり，意図せざる結果を生み出したりすることも多々あります．ここまで，テレビが持っているメディア特性として，「多くの人に見てもらう」というものをあげてきましたが，このような問題に対しても，関わり方によってスタンスがかなり違います．たとえば，カメラマンは映像表現の作品性を重視する場合が多く，番組の企画にかかわるプロデューサーになると，誰に見てもらうのかというところが重視されるケースが多いようです．そういう意味で，テレビ番組に込められている「意図」は複数形であり，1つの人格によって構成されたものではないことに注意しておく必要があるでしょう．

🎤 捨てられたシーンを想像する

　あなたは番組を作るときに，どれぐらいの時間撮影して，編集などでどれぐらいのシーンを捨てましたか？　番組によって捨てられたシーンの量は違うでしょうが，かなりの時間になるのではないでしょうか．

　テレビ番組でも同じようなことが起きています．総撮影時間の半分以上を使わないことも珍しいことではありません．いろいろな編集を想定して冗長に撮影している部分もあるでしょうが，ニュースやジャーナリスティックな特集番組などでは，取材したことをまるごと使わないというケースもあります．

　3分であろうと，30分であろうと，有限の時間の中でメッセージを伝えようとすれば，主旨に関係が薄いことはカットされることになります．このように多くのシーンが捨てられているのは，「有限の時間で伝えること」が背負っている宿命であるといえるかもしれません．

　しかし，何を残して何を捨てるのかということに関しては，作り手の裁量にまかされていることに注意しておく必要があります．わたしたちは，番組でとりあげられる可能性があったのに，放映されていないことについて，想像をめぐらせながら番組を見ていかなければならないのです．

主たる意見に対する反論の部分

　番組には，主張したいメッセージがあります．たとえば，二酸化炭素が地球温暖化に大きな影響を与えているということをテーマとした番組があるとすれば，そういう意見を持っている科学者のところに取材に行くでしょうし，二酸化炭素は地球温暖化の主要因ではなく，地球温暖化は地球の定期的な気候変動の一部であるという科

再びテレビを読む

学者の意見はとりあげられないか，とりあげられても，「こういう反論もあります」程度の短い時間しか与えられないことでしょう．

主たる意見に関わる詳細の部分

よく新聞やテレビなどの取材を受ける人が不満に思っていることは，何時間もかけて取材しているのに，自分の話の大事なことをはしょってしまうというものです．

このようなことが起こる理由の1つは，細かいところまで説明する時間がない，もしくは，説明しても一般視聴者が理解できないと推測される場合です．これにより，結論である意見だけが抜き出され，「どうしてそのようにいえるのか」，もしくは「結論を採用する際の条件」などの細かい部分がまるごと省かれることになります．テレビは，「要するに○○である」以上の情報を提示するには向いていないメディアなのかもしれません．

しかしながら，多くの人が影響を受ける可能性のある意見については，たとえそれが専門家の意見であったとしても批判的にとらえる必要があります．その際には，論文や書籍など，別のメディアも駆使して検討した方がよいでしょう．

被取材者の事情

テレビは影響力の大きなメディアであるため，被取材者の事情によって，取材協力が得られても映像としては放映できないことがあります．政治家の汚職に関するものなど，社会正義の実現に関係する場合には，事情があってもあえて放映するという選択肢もあるでしょうが，一般家庭を取材した場合などは，放映すべき価値がある事例であっても，映像がないために放送できないというケースもありえます．放送されている事例の裏側には，放送できない数多くの事例が隠されているといいかえてもよいでしょう．

被取材者の事情だけでなく，古いできごとで映像記録がないとい

う場合もあります．テレビ番組では，映像がないとストーリーを構成することができません．その内容が，代替できないほど重要である場合は，古い写真やテキスト資料のクローズアップ・ライトアップのような工夫で乗り切る場合もありますが，そうでない場合には映像がある別の内容に差し替えになることもあります．テレビが映像で構成されているメディアであるということを十分に意識する必要があるでしょう．

少数者の意見

　テレビの制作者の中には，できるだけ多様な価値観を番組に反映させるために，いろいろな意見を取材することを重視する人もいます．しかし，そのような人たちでも，少数者の意見や実態を主にとりあげた番組を作るのは，テレビではやりにくいのが現状です．深夜枠で，ときどきこのような番組が放映されることがありますが，ゴールデンタイムではほとんど皆無に近いといってよいでしょう．多くの人に情報を伝えることができるというのは，テレビの大きな可能性であると同時に，テレビというメディアを縛ることでもあるのです．

視聴者の解釈を考える

　あなたが作った番組を見た人は，どのような感想や意見を言ってくれたでしょうか．好意的なもの，鋭く問題点を指摘したものなど，いろいろな意見があったと思いますが，その中に「こんな受け取り方をされたんだ．そんなつもりで作ったわけではなかったのに」という，受け手の映像に対する解釈のずれに関するものもあったと思います．

　このような場合，「送り手である私の技量が足りなかったのだ」

再びテレビを読む

とか「受け手側の読み解きの技量が足りなかったのだ」など，送り手と受け手の「能力」にすべての問題を還元するような議論がよく行われますが，問題はそう単純ではありません．

多様な解釈の自由

いったん制作されたメディアをどのように解釈するかは，基本的には受け手にまかされています．送り手の意図は尊重されますが，送り手の意図に従って読み解かない自由も，受け手には許されているのです．

よって，自分が送り出したものが，すべての人に自分の意図通りに受け取られるということはないといってよいでしょう．あなたの作った番組も，見る人によってさまざまな受けとめられ方をしているはずです．

テレビの世界でも，同じことが起こっています．視聴率10％の番組では何百万人もの人が見ていますから，とてつもない数の人が同じ番組を見ることになります．典型的な解釈や反応というのはあると思いますが，そのような人たちにも細かな差があります．

たとえば，難病であと10年も生きられないだろうと医者に宣告された子どもを育てている家族のドキュメンタリーが放映されたとしましょう．この種の番組の典型的な反応は，「かわいそうに」というものでしょうが，ひとことでかわいそうといっても，人によってそこに込められている感情は微妙に違います．実際に同年代の子どもを育てている人は，自分の子どもがこのような病気だったらどうだろうかと考えるでしょうし，子どもを持たない若い人たちであれば，かわいそうだけれど，がんばって生きている姿に感動を覚えるというものかもしれません．

映像の解釈はひとりひとり異なっており，それがメディア表現やコミュニケーションの持つ多様性やダイナミックさを保証しているのです．

番組に対する真摯な批評

　番組に対する真摯な批評も解釈の多様性が重要であることの例にあげられるでしょう．テレビ文化を向上させるためには，送り手にとって心地よいほめ言葉だけでなく，番組に対する真摯な批評も必要になります．「この事例をとりあげて，どうして別の事例をとりあげなかったのか」，「どうしてこの部分にこのような演出をしているのか」，「こういうとりあげ方は，ステレオタイプを助長するのではないか」などの批評は，テレビという仕組みをよくしていくために必要不可欠なものです．

　放送法によって制度として用意されている批評の場には，番組審議会という組織があります．しかし，有識者とよばれる大学教授や放送経験者などが，専門知識をもとに番組を批評するという仕組みには限界があります．彼らは専門家であり，一般の人々の意見を代弁できるとは限りません．「私は普段ほとんどテレビを見ていませんが」と堂々と発言する委員もいるそうです．

　また，BPO（放送倫理・番組向上機構）という民放とNHKが共同で運営している機関があります[1]．この組織の「放送と青少年に関する委員会」では，子どもに関するテーマに限定していますが，視聴者とテレビ局の回路になるとうたっていて，視聴者からの意見を受け，先に紹介した血液型にかかわる番組について要望を発表したりして活動しています．

(1) 放送倫理・番組向上機構（略称BPO，Broadcasting Etics & Program Improvement Organization，http://www.bpo.gr.jp）は，放送による言論・表現の自由を確保しながら，視聴者の基本的人権を擁護するため，放送への苦情，特に人権や青少年と放送の問題に対応し，正確な放送と放送倫理の高揚に寄与することを目的にしている．

能動的で批判的な視聴者へ

　繰り返し述べてきたように，テレビはマスメディアであり，何千万人という人々に情報を送り続けている巨大な産業です．わたしたちは日々数時間をこのメディアに使っており，わたしたちの社会や文化の形成において重要な部分を担っているという現状をまず認め

再びテレビを読む

なければなりません．

　その上で，この巨大メディアに対する批評の仕組みが，さきほど述べたような番組審議会やBPO，早朝に各局で放送されている自己検証番組のような非常に限られたものしかないということについて考えてみましょう．わたしたちはテレビの利用者でありながら，テレビのあり方を変える回路をほとんど持っていないのです．これでは，普通選挙がない民主制度のようなものといわれても仕方がありません．

　その結果日本の多くの人たちが，番組を見ていろいろなことを考えたとしても，テレビの前のつぶやき以上に広がることはないという状況が起こっています．家庭で，「これちょっとおかしいんじゃない」といったとしても，「じゃあ，テレビ局に電話してみれば」といわれて本当に電話する人は少ないでしょう．そうやって，テレビのあり方を変えるための回路は閉じられたままになっているのです．

　この章の最初に，「番組を作ることによって表現者として他の表現者の作品を見る感覚を身につけることができた」というお話をしたと思います．番組を実際に作り，意図がどのように形になるのか身をもって体験したみなさんは，新しいタイプの視聴者としてとらえることができます．

　テレビの世界において，送り手と受け手の間には深い溝が存在しています．送り手は受け手を番組制作のことを何も知らない「素人」だととらえ，受け手による批判に対しては，「それは，送り手の現場や状況を知らないからいえることだ」と突き放す傾向がありました．

　受け手の方は，送り手の状況がよくわからないため，問題を指摘することはできても，それをどのようにすれば解決できるのかという具体的な提案ができないことも多かったように思います．

番組を作ることによって，送り手の立場を想像することができ，しかもマスメディアにとっては受け手の立場でもあるみなさんは，一種の中間者・媒介者になりうる存在になったのです．

　いままで，視聴者というイメージには，受動的で静的なイメージがつきまとってきました．実際には，解釈の多様性のところで述べたように，視聴し解釈するという活動は本質的に能動的なものです．しかしながら，受け手という存在は，解釈という領域を超えて，もっと能動的になりうる存在であることを，わたしたちは見落としてきたのではないでしょうか．

　それが，能動的で批判的な受け手というイメージです．この人々は，自らも表現活動を行い，表現やコミュニケーションの持つ可能性や問題点などをよく知っており，しかも，その立場から，テレビのような大きなコミュニケーション回路全体の再設計に対して意見を述べていくことができる可能性を持っています．

　具体的には，テレビや番組のあり方について送り手側と対話をし，建設的な批判を行っていくとともに，自分たちが行っている映像による表現活動を放送という枠の中に位置づけていくということです．テレビに放映されるものが，すべて職業的制作者が作らなければいけないわけではありません．ニュースの映像などをこのような新しい送り手が制作し，そこで学んだことをもとにしながら，送り手のあり方に対して意見を言っていくという，そうした積極的な媒介者が，新しい時代のメディアの形を作り上げていくときに，重要な役割を果たすのではないでしょうか．

コラム04 リテラシーで育む地域の環

春田亮介（東海テレビ放送）

「今まではテレビが言っていることは正しいと思っていた．でも，制作者の意図が混ざっていて，全部鵜呑みにするのはよくないと思うようになった」

「こういうふうに感じて欲しいというのが，いつしかこういうふうに伝わるはず，伝わっているに違いないと思い込んでしまうのが一番怖い．何を伝えなければならないか，何が伝わるのかというのを再認識する必要がある」

私たち東海テレビは，1999年からメディアリテラシーに関する番組やニュース企画を放送してきました．そしてこれをきっかけに，2度にわたって民放連メディアリテラシー・プロジェクトに参加させてもらい，愛知県の春日丘中学・高校の生徒たちによるニュース企画制作のお手伝いをしました．冒頭の発言の一つ目はそのとき番組を作った高校生の，二つ目は撮影を指導した東海テレビのカメラマンの感想です．二つの感想は，お互いのことを知らないということ，つまり視聴者とテレビ局との間に大きな距離があることを示しています．一連の活動から，私たちはそのことに気づかされたのです．

テレビ局には，個々の番組について視聴者からの意見を受ける部署があって，そこを通して自社番組に対する反応を知ることができるようになっています．番組担当者が直接電話に出て話をする場合もありますが，長い時間膝を突き合わせて語り合うわけでもありませんので番組の何がどこまで伝わっているか断片的にしかわかりません．そんな状況のなかで，一定の期間特定の中学・高校生たちと一緒に番組作りをし，さらにテレビの「やらせ」についてまでも議論した経験は，私たちに高校生が日ごろテレビとどう向き合っているのか，その一端を知らせてくれましたし，自分たち自身の仕事のやり方をあらためて見直すよいきっかけに

もなりました．そして何よりも，あの時あの場所で同じ時間を共有し，テレビのことを学んでくれた生徒たちが今も自分たちの番組を見てくれているかもしれないという感覚は，視聴者とつながっているという心強さとその裏返しである緊張感を与えてくれています．

　2003年の12月，私たちの名古屋エリアでも地上デジタル放送が始まりました．多チャンネル化などの流れのなかで，ローカル局は地域との結びつきがますます重要になってきました．地域との関係をどう強めていくのか．その鍵になるのが，私はメディアリテラシーを介した視聴者とのつながりだと考えています．このつながりによって信頼関係が築きあげられ，情報のやり取りや映像のやり取りまでもができるようになればと思っています．

　私はこのプロジェクトを経験し，メディアリテラシーを学んだ子どもたちのなかからテレビ局を目指す人やビデオカメラを駆使してさまざまな表現にトライする人たちが出てきて欲しいと願っています．そうした人たちと放送局が対話し，刺激しあうことが互いのつながりを深めることになるのではないかと思っています．

　私はテレビ局で長く仕事をしていますが，映像表現という点で今でも心に残っているシーンが数多くあります．それは派手なシーンばかりでなく，たとえば大気汚染公害に苦しむ人々の棟続きの家を3分前後にもわたって一度もカットせず，ゆっくりと移動撮影したシーンなどは，ノーカットゆえにそこにさまざまな情報が映し出され，あたかもその場にいるような感覚にとらわれ，問題の深刻さをより強く感じさせられたものです．そしてそれが制作者の狙いだと知ったときの驚きは，私がこの仕事を続ける原動力となっています．メディアリテラシー教育でさまざまな発見をした子どもたちが，これからも映像に興味を持ち続けテレビメディアのよき理解者，批評者となり，地域の環ができることを願っています．

　　　　　　　　　　＊本書DVD「愛知実践（東海テレビ放送）」を参照．

コラム 05 参加すること・見つめなおすこと

清水宣隆（愛知県春日丘中学・高校教諭）
＋春日丘高校・啓明コース9回生清水ゼミ生

　テレビ局の人にとっては当たり前のこと．でも，それっていいの？と思わずにはいられませんでした．
　ニュースの一場面として「携帯電話をかけている高校生」の映像が撮りたい．ただそれだけのことです．しかし，撮ると言っても隠し撮りはいけません．だとしたら，誰かにお願いして撮影させてもらうしかありません．でも，それではありのままの事実ではなくなってしまいます．でも，そうしないとニュースにはなりません．番組ができないのです．「再現してもらえばいいんだよ．それは事実を曲げることじゃなくて，わかりやすく伝えるためにすることなんだから」．テレビ局の方のアドバイスを受けました．私たちは，走り回って初対面の高校生に声をかけ，了承してくれた人に実際に友達に携帯から電話してもらいます．顔を映してもいいか確認しながら，撮影したのでした．これはウソではないけれど，事実を撮ったものなのでしょうか．「ニュースとはいえ，実際に再現してもらうことだってあるんだよ」．「やらせ」という言葉がありますが，そうするとこれは「演出」ということになるのでしょうか．取り組めば取り組むほど，テレビニュースを作ることの難しさや，ホントのことを伝えるとはどういうことなのかを考えずにはいられませんでした．
　私たちは「高校生とお金」をテーマに，テレビ局の方とともに教えていただきながらニュース番組を制作しました．テレビで実際に流せるニュース番組を作るとなると，文章ではすんなりまとめられることも，簡単にはいきません．まず，映像がなくてはならないですし，指定時間を超えてもダメ．編集で削って並べ替えてを繰り返し完成させたのでした．撮影のために走り回り，ナレーションも担当した小田さんはこう言います．「ニュースがこんな風に作られているなんて思ってなかった．想像したり，知識として知っていることもあったけど，実際に作ってみて身

体で理解したって感じ．番組作りは本当に楽しかった．番組を作るという活動をしてみると，一つの出来事もありのままの事実なんてないとわかる．ありのままなんて伝えられないところがおもしろい」．

これらの活動で，私たちは，テレビの仕組みやメディアがどのように情報を流しているかわかっただけではありません．私たちはテレビ局の「ひと」と交流しました．どの人も真剣に，そして真摯に番組作りをしていらっしゃいました．そういう姿も見て私たち誰もが最終的に行き着くのは，二つのことでした．一つは，メディアの仕組みや流されている番組や情報に私だって意見できるんだということ．私たちだって作ったのです．プロに任せているのではなくて，自分も参加していけると知ったのです．これからは単にテレビを見るだけの一視聴者ではないと喜びを感じました．この活動の後，カメラ担当だった谷口くんはラジオ番組に投稿することを覚え，今では番組作りに参加する楽しさを味わっています．またディレクターの一人として構成に関わった沖さんは，東海テレビの番組を見て編集者にメールを送って，意見交換することで新たな発見をしているといいます．

もう一つは，私たち自身のものの見方です．テレビというメディアを通して学んだ活動は，自分がどのようにメディアと接していて，これからどうしていかなくてはならないかを考えさせるものでした．ある人に何かを伝えるとき，（この方法で伝わるかな．こうしたほうが，わかりやすいのかな）と自然と思うようになっている自分に気づきます．また，テレビを見ていて（これってどうやって撮ったのかな．こういうことが伝えたいんだな）と意図を理解しようとする自分がいます．メディア・リテラシーの活動で，私たちは自分を見つめ，楽しくコミュニケーションするための「もう一つの目」を手に入れることができたと言えるでしょう．

取材で撮影する高校生

＊本書DVD「愛知実践（東海テレビ放送）」を参照．

新しいテレビと社会

III

送り手と受け手

境真理子

はじめはみんな視聴者だった

作る人と見る人，あいだに橋を架ける

　テレビ局で働く人々に，皆さんはどんなイメージを抱いていますか．どんな仕事をしていると思いますか．あるアナウンサーが，視聴者から「仕事の時間が短くていいですね」といわれ，意味がわからなくて聞き返したところ，1日のうちニュースに出演している10分間だけ働いていると思われていたそうです．「見ている人は案外わかっていないんだ」，そう苦笑していたことを思い出しました．放送の仕事というと多くの人はまず，アナウンサーを思い浮かべます．現実には10分の出演のために何時間，ときには何日も働いているのですが，その部分は画面には映りません．顔のみえる仕事でもあまり理解されていませんから，画面に見えない仕事はさらに想像しにくいようですね．

　ディレクター，プロデューサー，レポーター，カメラマン，仕事の内容でさまざまに呼ばれていますが，本当のところ具体的に何をする人なのか，番組を見ているだけではわかりにくいと思います．しかもディレクター，プロデューサーなど，ほとんどカタカナ職業で一見はなやかに聞こえますが，違いも役割もよくわかりません．

　「見ている人は案外わかっていない」その「案外」という感想が，

送り手と受け手のギャップ,「溝」を浮き彫りにしています.視聴者がわかっているだろうと思っていることが案外わかっていない.これまでは,そのことに気づいても「溝」の手前で留まり,「知らなくて当たり前」,「専門の世界だからわかってもらえなくていい」と考える放送人が多かったように思います.医師,弁護士,教師,消防士,保育士,とにかくどんな職業でも自分の仕事を理解してもらうことからはじまります.理解されなければ職業の目的を達することができません.ところが放送の仕事は,理解してもらう努力があまりなされませんでした.「商品は番組やニュースです.見てください.それが仕事の説明です」.そんなふうに考えてしまい,放送で働く人たち自身も説明が不足していることにあまり気づいていなかったのです.

「溝」をはさんで両側にいるのは送り手と受け手ですが,受け手は「溝」の深さを驚いて見つめ,送り手は「溝」があるのは当然と思いのぞきこんで深く考えることはしない,そんな関係が今のテレビと社会の問題になってきています.テレビは大きな影響力があります.まるで水のように暮らしに密着していますが,水がどのような道を通って家庭に届くかがわかれば,水の重要性も,汚されたときの危険も冷静に判断できるはずです.

そのためにも少しずつ「溝」に橋を架ける作業が必要です.何が「溝」を深くしているのか,その内容に気づくこと,相手を理解すること,たがいに「溝」を放っておかないこと,橋を渡し,できれば往き来すること,今それがとても重要になってきています.

作る側になってみてテレビに驚く

ひときわ高い電波塔をシンボルに放送局はそびえ立っています.私は大学を卒業してすぐに札幌の民放局につとめました.放送局はそれまで漠然と憧れの対象で学生からは遠い存在でした.しかし社会人になったその日からテレビ局の人になりスタジオで多くの放送

送り手と受け手

機器を見て緊張したのを覚えています．公共の電波を利用して仕事をするのだから今日からはプロフェッショナルの自覚を持ちなさいと先輩からいわれ，自分にできるだろうかと不安いっぱいで受け止めました．テレビについてほとんど勉強したことがなく知らないことばかりだったからです．放送の成り立ちにも仕組みにも無知でした．漠然と憧れのまま放送の仕事につく人は多く，同期で会社に入った仲間たちと顔を見合わせ，訳のわからないまま放送という職業のゲートをくぐりました．

初めて内から見るテレビ局は驚きの連続でした．スタジオや調整室，電波を送る施設に感心したり，日頃は画面のなかにいるニュースキャスターや番組司会者が間近にいることにドキドキしたりしました．カメラの背後に大勢の人々がいて，映らないものが多いことも発見でした．また，編集といって映像をつなぎ合わせたり捨てたりする作業時間が長く，最終的にテレビ画面になるまでに使わない映像の多さにも驚きました．

放送の世界を離れたあとも，テレビの送り手に関心を持ち続け，専門家とは何かと考えるようになったのは，そのときに経験した驚きがもとになっています．しかし，その驚きは放送に関わる人なら誰でも経験したことではないでしょうか．つまり，送り手の人たちもはじめはみんな視聴者だったのです．

「溝」のたとえでお話ししましたが，対岸へ飛べば，「今日からあなたは送り手です」などというマジックはありません．たとえば，私のように受け手だったひとりの大学生が，送り手という立場に変わったのは，長く放送の仕事をしたり，勉強をしたりして得たものではなく，就職した会社が放送局だったからです．もちろん先輩から研修は受けますが，当人にとってみればようやくスタートラインについたばかりです．しかし，外の人たちからは放送のプロフェッショナルとみられます．それは荷の重い現実でした．送り手と呼ばれる人は，勉強や訓練，経験を通して専門の能力を身につけ，少し

番組オン・エア中のコントロール・ルーム

ずつ時間をかけて送り手に育っていくのです．テレビ局で仕事をしているから，全員がテレビの専門家と単純にいうことはできないのです．

　受け手から送り手にジャンプした人は，突然カメレオンのように色が変わったわけでも，体の血が赤から青に変わったわけでもありません．私がそうであったように，送り手たちは初めは驚きや違和感を覚えています．だとするとテレビの世界にはいったときの経験はたがいをつなぐ力や結び目となるはずです．受け手と送り手は，はっきりと分けられ断ち切られた世界ではなく，つなぎ目があります．自分自身の経験を思い出しながらそのことをわかりやすく見えるものにしたいというのが，この章のねらいです．

　これからテレビメディアの特徴を掘り下げながら，受け手と送り手がたがいの文化を知り，わかりあえることのできる新しいテレビと社会の姿を見いだしたいと思います．

送り手と
受け手

■ 放送の特性と影響力についてもっと知る

見るから，つけるへ，テレビが溶けこんだ暮らし

　あなたは新しい製品の情報をどのように知りますか．芸能人やアイドルを好きになったのはどんなきっかけからですか．最新のニュースや天気を知るのはどんなメディアですか．トレンドや人気のファッションはどのように知りますか．好きな歌はなんですか．そして多くの話題や知識のなかで，あなたが直接，自分の目で確認した情報はどのくらいありますか．おそらく，「そういえばテレビで知った」「友達から聞いたがテレビで見たと言っていた」．実はそんな情報がとても多いのではないでしょうか．

　テレビ放送が始まってから半世紀以上，生活時間の調査では私たちは一日に4時間以上テレビを見ています[1]．集中して見なくても一日中テレビのスイッチを入れておくという人もいます．テレビは放送開始から10年間くらいは高価な電気製品で，テレビを見ることが，地域や家庭の大きな娯楽でした．街頭に置かれたテレビを見るために大勢の人たちが集まり，プロレス番組などに熱中しました．その光景は映像や写真に残っていますが，テレビがいかに人々の心を熱狂的にとらえたかを物語っています．

　その後，東京オリンピックなどをきっかけにテレビ受像器は爆発的に販売台数を伸ばしました．ドラマやアニメーション，スポーツ，洋画などさまざまな番組が放送され，家庭の中心的メディアになっていきます．テレビを視聴するといいますが，当時は文字通り，視て聴くことに人々は注意を集中していたのです．

　今やテレビは当たり前のように暮らしに入りこんでいます．視聴の形も「視る」から「ついている」といった方が近いかもしれません．一日中テレビのスイッチは入っているが，じっくりは見ない，

(1) NHK放送文化研究所の2003年11月全国個人視聴率調査の結果によると，NHKと民放を合わせたテレビの視聴時間（1日，週平均）は，4時間5分で，前年を上回った．調査によると1995年以降，3時間45分を超える長時間化の傾向を示している．（全国個人視聴率調査は，全国7歳以上を対象に，年5回実施している全国規模の個人視聴率調査）

チャンネルをよく変える，こんな視聴が普通です．つける，あるいは，つけているテレビに私たちはあまり大きな注意を払わなくなりました．逆にいえば，その分，テレビの影響力が見えにくくなってきました．テレビは毎日多くの情報を流し続けています．私たちは意識していないだけで，テレビから多くの情報を得て生活しています．そして，気づかずに行動を左右されたり影響を受けたりしているのです．どんな影響を受けたかを自覚することもテレビと上手につき合う重要なポイントです．それには，まずテレビの特性を知ることが大切です．次にテレビ番組がどのように制作されているかを考えてみましょう．

映像の特性とその力

　テレビを見ていて感動し思わず涙が出たり，興奮して手に汗したり，歓声をあげたりした経験がありませんか．映像，音声，文字の組み合わせで多くの情報を送ることができるテレビは優れたマルチメディアです．直接，私たちの感情に届く力があり，五感のすべて，つまり視覚・聴覚だけでなく触覚や味覚，嗅覚さえも動かすような特性があります．

　もちろん，じかに触れたり味わえたりするわけではありません．しかし，人は想像力を持って映像を受けとめるので，たとえばグルメ番組でラーメンの映像を見るとおいしそうだと思わず唾が出て，お腹がすいてしまいます．ラーメンの湯気を見たすぐあとに冷たい飲み物のコマーシャルが続いたりすると，反射的に冷蔵庫を開けたくなってしまいますね．

　夕食前のお腹がすいたときに食べ物の紹介やコマーシャルが多いのは生活時間を考慮に入れて放送しているためです．番組は，できるだけ生活時間，つまり視聴者が何をしている時間か，何をしたい時間か，どんな気分でいるかを想像しながら作られているのです．

　司会者や出演者を好き嫌いで見ることが多いのも感性に働きかけ

送り手と
受け手

るメディアだからといえます．画面から司会者があなたに視線を合わせて語りかけます．コンタクトを求めるようにみえるので，思わず親近感がわきます．現実に会話しているわけではなく，一方的なコミュニケーションなのですが，あなたの脳は，目を見て話しかけてくる出演者を見て，反射的に近しい人のように感じとるのです．

テレビに出演する人は，街で知らない人からあいさつをされることがよくあるそうですが，それもテレビが親近感を持たせるメディアだからといえます．また，そのように見せることもテレビの重要な演出のひとつです．違和感なく暮らしに溶けこむように演出され，あなたに近い存在であるように工夫されています．だから多くの人をテレビに向かわせ関心をひきつけることができるのです．

演出の力――遠いものを近くみせる

クイズや生活情報系の番組で，出演者が家族のように構成されていることに気づいたことがありますか．たとえば，クイズ番組の回答者を考えてみましょう．お父さんやお母さんのようにふるまう回答者がいます．ひょうきんなお兄さんがいて，よく的はずれな回答をします．お兄さんの答えを聞いて「なんだ，私の方がよく知っているし正解が多い」と思わせ，視聴者の優越感を少しくすぐります．他にしっかり者のお姉さん，親切なお隣の友達なども登場します．本当の家族やご近所さんではありませんが，家族やコミュニティに似せることで普通の暮らしにより近いイメージが現れ，視聴者に安心感を与えます．

誰にとっても家族は想像しやすいので視聴者も一緒に物語に参加し，あたかも家族の一員であるかのような気持ちになります．暮らしを便利にする工夫や知恵を取り上げる番組などは実生活に密着し人気があります．そこでは家族になぞらえた出演者が失敗したり感心したりしながら，試みが成功するプロセスを見せていきます．人が何かを学んだり，ふーんと納得したりするには，ある程度の時間

がかかります．時間のメディアであるテレビは視聴者の心理や納得にかかる時間に寄りそいながら進行していきます．視聴者が実際に体験したような気持ちにさせる演出です．

　取り上げるテーマを生活に密着した情報として受け取ってほしい場合には，セットを家のリビングルームに似せることで自然に親近感を演出します．

　私の番組制作の経験をお話しましょう．宇宙実験と無重力をわかりやすく小中学生に解説する科学番組のディレクターを担当しました．宇宙は日常からかけ離れた空間ですが，人間に役立つ空間として親近感を持たせる目的がありました．テーマは無重力を利用し金属を混ぜあわせる実験です．それを説明するスタジオのセットとしてキッチンを選びました．小道具はスプーンやカップなど日常使うものばかりです．無重力の環境でしか行えない特殊な実験を，キッチンという日常的な場をセットにして説明することで，宇宙を身近に感じてもらう工夫でした[2]．

　このようなセットのほか，音楽やナレーション，衣装，学校の先生をゲストにするなどさまざまな演出を組みあわせて，宇宙を遠くても近くに思えるよう工夫しました．皆さんは普段何気なく番組に接していると思いますが，制作している人は，見ている人の感情に訴え，映像やナレーション，音楽，文字などを使い，演出や構成を工夫しているのです．

テレビ局の人気者，マスコットの役割

　テレビ局にはマスコットがいます．多くは動物や花，あるいは架空の生きものですが，親しみを持ってもらえるよう，どれも愛らしいデザインです．それらにほぼ共通していることは，人に似せて作られていることです．視聴者に話しかけたり，親しい仲間のようにふるまいます．それは人の形にデザインされたロボットの例に似ているかもしれません．ロボットの内部はテクノロジーの固まりで，

[2] ミニ科学番組「とびだせ宇宙へ」タイトル画面．日本科学未来館ホームページ http://www.miraikan.jst.go.jp/j/goodstool/miraikanview/ で映像を見ることができる．

送り手と受け手

無機的な機械ですが,外見が人のようにデザインされ,合成音が人の声のように出力されると,人間の仲間に姿を変え,受けいれられるものとなります.

テレビ局では扱う商品がモノではなく情報なので,人々が自分たちの局にどのようなイメージを持つかは重要なテーマです.ステーション・イメージといって,どのようなイメージに見せるか,あるいは見てほしいかを考えて広報しています.マスコットはとくに子どもたちに親しみを持ってもらうのに効果があります[3].マスコットがコマーシャルに使われ人気者になると,グッズが作られテレビ局に収入をもたらすこともあります.子どもたちは,テレビ局を味気ないアルファベットで呼ぶより,マスコットの名前で呼ぶようになります.愛称で呼ばれるようになることは,イメージアップと親近感が大切なテレビ局にとって大成功です.マスコットをよく観察してみてください.その姿は,テレビ局が自分たちをどう見てほしいかも伝えているのです.

(3) テレビ局のマスコット.上から,日本テレビの「なんだろう」,TBS東京放送の「BooBo」,フジテレビの「小犬のラフちゃん」.

©日本テレビ

©TBS

© FUJI TELEVISION

テレビとあなたの化学反応

以前,神奈川県内の川にアゴヒゲアザラシが迷いこんで,大きな話題になりました.タマちゃんとかわいい名前がつけられ,ニュースで紹介されると,川べりに大勢の見物人が集まり,急に人気者になりました.毎日,まるでアイドルのようにニュースや番組で登場し,あまりの人気に近くの区役所から「ニシ・タマオ」という名で,住民票が交付されたほどでした.

川辺に集まる人たちは,どんな思いで,何を求めて,「タマちゃん」と声をかけ続けたのでしょう.アザラシという動物が好きであれば,水族館に行けばたくさんいます.でも大勢の人が注目したのは,水族館のアザラシではなく,名前のついた迷子のアザラシでした.人々は毎日のようにテレビで見るうちに,迷子になって川にたどりついた境遇に同情をよせ,いつの間にか動物を擬人化して見る

新しいテレビと社会

ようになりました．

　テレビは，連日，タマちゃんをニュースに取りあげることで，一頭のアザラシをひとりひとりの感情と結びつけ，長く見てもらう「続き物語」にしていきました．

　誰でも，何かに迷ったり，傷ついたりしたことがあります．集団から離れて自由になりたい，あるいは，もとに戻りたいと思ったり，行く場所がわからなかったり，さまざまな感情をもって暮らしています．出来事と視聴者の感情が出合い，混じり合って，テレビは物語を生みだしていきます．

　テレビは生きものといえるかもしれません．見る人の数だけ物語をつくります．伝えられている情報は一つですから，見る人の数と言われても奇妙な感じがするかもしれません．でも，家族や友人と同じ番組を見ても，受け止め方や感想が違うことに気づいたことがありませんか．視聴とは，あなたとテレビの間にある相互関係で，そのときの心理や状況が大きく作用します．テレビはひとりひとり個別に受けとめられて，想像力と反応し，あなただけの番組に変わっていくのです．

影響力と危険性

　ところで，ほかのメディアと比べテレビの影響力が問題にされることが多いのはなぜでしょう．それは，視覚や聴覚に直接訴える強い刺激のメディアでありながら，影響が自覚されにくいためだと考えられます．また，暮らしにとけこんだテレビは普及や接触の度合いが群を抜いて高く，膨大な情報を流し世論の形成にも深く影響します．また，心理に働きかけたり，流行を左右したり，人気を作り出したりする力は，集団ヒステリーや心理操作につながる危険性もはらんでいます．迷子アザラシはテレビによって人気者になり，毎日のようにその様子が伝えられました．どのチャンネルを見てもアザラシばかりという時期がありました．一つのストーリーだけをい

> 送り手と
> 受け手

っせいに追うと，重要なニュースは時間を奪われ，影に隠れてしまいます．人気を作り，消費する，ストーリーに飽きるとおしまい．アザラシもさぞや迷惑だったに違いありません．

放送局についてもっと知る

　テレビはどのような仕組みになっているのでしょうか．どんな人たちが番組を作っているのでしょうか．はじめにも触れましたが，放送に関わる人たちの仕事と役割はあまり知られていません．この章では，カメラの背後ではたらく人たちと放送の仕組みについて説明したいと思います．

テレビの役割分担——番組を組み立てる・作る・送る

　放送局にはいくつかの役割分担があります．大きく分けて，「組み立てる」「出演する」「作る」「送る」「売る」「支える」などです．
　まず，「組み立てる」．放送は個別の番組が無造作にバラバラに流されているのではありません．その局の個性をアピールし，視聴しやすい流れを作る工夫をしています．家作りで言えば設計士のような役割です．設計では，リビングや浴室，個室などの配置と人の動きを考えます．そのように，編成はプログラムを配置して全体の放送を設計しています．朝・昼・晩と人々が求める情報を想定して番組を編成し，視聴行動を道案内します．それは1日，1週間，1月，3ヵ月，1年などのさまざまな単位で行われています．放送プログラムの時間や曜日，季節など全体を見渡し，番組の配置を考えていく仕事です．
　それから「出演する」．画面に登場するアナウンサーやレポーター，ニュースキャスターなどです．ナレーションもそうですが，聞きやすい音で話さなければならないほか，間や話し方の技術など，

取材，表現の複合的な能力とあわせ，勘とセンスが必要です．

　背後で準備をしたり撮影したりと，裏方で番組を「作る」人がいます．制作や報道ではたらく人がそれにあたります．ディレクターやプロデューサー，記者やレポーター，そしてカメラマンがいます．ディレクターは企画して取材し，データを集めて番組を作ります．ディレクターやカメラマンがオーケストラの楽器の演奏者とすると，プロデューサーはオーケストラの指揮者のような仕事で，それぞれの楽器がよい音を出し，ハーモニーとなるよう，予算やスタッフなど全体を見わたします．

　さらに映像をスタジオや中継地点から送り出し，遠い地域に電波が届くようにするための「送る」人が必要です．技術を支える人たちです．スタジオの映像や音声などはこれらの人々によって工夫され，最新技術に支えられて送信されています．

　こうして，さまざまな役割の人がかかわり，番組やニュースが生まれます．それを多くの人に見てもらうため広報や宣伝に携わる人がいます．マスコットの例でもお話ししたように，ステーション・イメージを高め，番組の内容をPRします．さらに視聴料を直接とらない民間放送では，収入のためスポンサーを見つけ番組を「売る」ことが必要です．営業の担当者はコマーシャル放送を成り立た

テレビ局のニュース・スタジオ

送り手と受け手

送り手と受け手

せるため，広告会社とともに番組のコマーシャル時間を売り，企業の広告費を集めます．

テレビは大勢の人が見ており，企業が短い期間で商品を知ってほしいときなどには宣伝効果が高いのです．また，放送局は会社組織で，大勢の人が役割を分担していますから，全体がうまく機能するシステムが必要です．一般の企業と同じように総務や経理など「支える」人がいます．オーケストラには舞台装置を作り支える仕組みが必要なのです．

番組の最後にスタッフロール[4]といって，制作に関わった人たちの名前がでてきます．出演者だけでなくディレクターや広報など，多くのスタッフが関わって，制作したことがわかります．とくに技術は，音声，効果，照明，ビデオエンジニア，テクニカルディレクターなど役割分担が細かくなっています．カタカナやアルファベットが多く，視聴者にはわかりにくい職種もあり，もっとわかりやすいスーパーを工夫する必要がありそうです．しかし，スタッフロールはどのくらいの人が番組と関わり，どう役割を分担し，どこが協力しているか，制作の背景がわかり興味深いものです．番組のおしまいに名前と役割が出てきたらゆっくり観察してみてください．

番組を評価する仕組み

テレビではたらく人はどの部門にいても，番組の内容がどう評価されるかに関心を持っています．自分たちが生み出したものが評価され，受け容れられたいと考えるのは，どんな職業でも同じです．テレビのテクノロジーは進歩しました．白黒からカラーに，フィルムからビデオテープに，映像の電送システムや衛星による生中継，コンピュータグラフィックス，そして現在はデジタル化で，急速に技術開発が進みました．しかし，これらはテレビを支える技術の進歩です．ではテレビの内容についてはどうでしょう．今，番組の内容や視聴率[5]をめぐるさまざまな議論が起きています．技術が革新

[4] 番組の最後などに，制作にかかわった出演者やスタッフなどを紹介する字幕（スーパー）のこと．以前は，巻紙のようなロール紙に名前がプリントされていたので，ロールと呼ばれている．

的に進んだにもかかわらず，何を放送するのかという本質的な議論がますます大切になってきています．

尺度としての視聴率

多くのスポンサーは，テレビが宣伝に適したメディアだと考えており，民間放送では毎日多くのコマーシャルが放送されています．広告主はできるだけ効率的な宣伝のため，視聴者の多い時間帯での放送を希望します．しかし，1日は24時間しかなく，テレビ局が売るのは「時間」という限られた商品です．これがモノであれば，工場の生産力を上げて増産できますが，売るものが限られた「時間」なので，量を増やすことはできません．そこで視聴者を増やして宣伝効果を高めたいということになります．

今視聴率について多くの議論が起きています．視聴者から指摘されている問題は次のようなことです．「放送局は，視聴率を少しでも増やしたいと考えるあまり，確実な数字となりそうな番組ばかりを制作している．その結果，制作者は新しい表現や意欲的な試みを避け，放送文化が貧しくなっている」，「テレビ局同士の行き過ぎた視聴率競争で番組が安易で低俗な内容になり，質のよい番組が少なくなっている」，「視聴率という数字だけに振り回され，モラルが低下し，放送の公共性を忘れている」というような議論です[6]．

そもそも視聴率は，視聴者がどのくらい番組を見ていたかを推しはかるための指標です．調査会社がサンプルとして無作為に選んだ家庭に，テレビ視聴を記録する測定器を置いてもらいます．よく見られている時間帯や，番組について得られたデータを，広告主や放送局に提供し，購入してもらいます．データ結果を広告主はコマーシャル枠を買うときの判断や分析の資料に利用します．放送局はテレビ編成や制作の参考資料とします．

最近，視聴率について議論が絶えないのは，それが番組の価値をはかる強力な指標になっていて，それ以外の指標がない状態だから

(5) 普通言われる視聴率はテレビを見ている世帯の割合をいう（世帯視聴率）．ある地域内のテレビ所有世帯に対するテレビ視聴世帯数の割合である．ほかに，個人単位の視聴状況を表す個人視聴率もある．サンプリング（標本）調査によって算出される数値なので誤差が生じる．

関東地区では調査を依頼した600サンプルの家庭に，調査会社と電話回線で結んだオンラインメーターを設置し実施している．自動でデータを収集，集計するので，毎分の視聴率など細かい数字がわかる仕組みとなっている．

(6) 2003年10月，テレビ局のプロデューサーが視聴率調査を不正に操作した事件は，視聴率競争の弊害が問われたケースとして記憶に新しい．このプロデューサーは，興信所に依頼して，視聴率調査会社のモニター世帯の住所を探しだし，担当番組の視聴を依頼し視聴率を上げようとした．テレビ視聴率競争の弊害と，視聴者から批判が相次いだ．

送り手と受け手

送り手と受け手

です．視聴率それ自体が問題なのではなく，視聴率しか基準がないことから来る，視聴率至上主義が問題なのです．

視聴率という数字は判断基準として便利なために多用され，やがて数字だけが一人歩きをはじめたのです．

視聴率と視聴質

テレビ番組の価値をはかるには，視聴率という数字だけでなく，別の見方が必要です．

視聴率だけを指標とする傾向に，テレビ局のなかでも疑問の声はあります．実際，いくつかの局では，バランスをとるため，番組の質や満足度などを指標化できないかが試みられてきました．視聴の「質」を求めて，満足度調査というアンケート調査も研究されています．多くの制作者は，むしろ作品をじっくり見てもらい，人々に感動をもたらしたいと願っています．番組が人生の激励になったと視聴者から手紙をもらうことが，何より嬉しいと多くの制作者は思っています．よい番組はテレビ局への信頼感につながります．視聴率のほかに，たとえば，幸福感や充足感，共感など，数値にしにくいけれど重要な「質」の評価を考える時期がきています．

視聴率だけのものさしで番組を作ると，テレビに対して人々が求める多様な望みを考えなくなり，どのチャンネルも同じということになってしまいます．たとえば，バラエティやトレンディドラマと呼ばれるジャンルがあります．視聴者の多い夜のゴールデンタイム[7]で放送され，とくに若い層の支持を得ています．多くのテレビコマーシャルは購買力のある若い層を対象にしています．視聴率調査ではF1M1[8]と分類されている20代30代の層で，スポンサーにとって大切な消費者です．バラエティやトレンディドラマは，そのF1M1層を対象としていますので，どのチャンネルをまわしても似たような番組ばかりという現象が起きています．実際はテレビを見ているのは若い層だけではありませんし，好みのジャンルもさまざ

(7) 広告料金の基準のために時間区分があり，曜日，時間帯別にA，B，Cなどのランクがつけられて料金が設定される．大勢の人がテレビを見る夜や休日の時間帯は，Aタイムで，ゴールデンタイム，あるいはプライムタイムとも呼ばれる．

(8) 個人視聴率の集計区分の俗称．視聴率調査会社ビデオリサーチ社の区分では，F1は女性（フィーメル）の20歳から34歳，F2は35歳から49歳，F3は50歳以上を指す．なお，男性は同様の年齢でM1，M2と区分されている．

まです.

　高齢者はテレビのビジネスからみると，若い層のように購買意欲の高い層ではありません．しかし，暮らしにテレビが本当に必要で，じっくり楽しんで見ているのは，この層なのです.

　視聴率のものさしだけでは人々のさまざまな求めにこたえることが難しいと思います．受け手は見るだけではなく，社会のなかのテレビをどのように変えていきたいのか，自分たちのメッセージを送り手に伝えることが大切ではないでしょうか．それが質を高めることにつながります．これからは，視聴「質」[9]を示すことができる新しい指標や方法を送り手も受け手も考える必要があるでしょう.

(9) 視聴「率」という量の尺度に対して，質的な評価や指標が必要と提案された．放送局によって定義や取り組みは異なるが，誰がどのように見ているか，内容や表現に満足したかなどである．

新しいテレビの模索

　テレビの世界ははじめからすべてができあがっていたわけではなく，ブラックボックスのような中身の全くわからない世界でもありません．人が，制度や組織を作り，今のような形に作り上げたのです．ですから，絶対的で変えられないものではありません．もしかすると，まったく別の形をとっていたかもしれません．その意味ではテレビを今と違うメディア，私たちの求めるメディアに変えていくのは，不可能なことではないのです.

つなぎ目をつくる

　送り手と受け手のつなぎ目をわかりやすく見えるものにするというねらいで，放送の特性と影響力について，またテレビ局の仕組みについて書いてきました．最後に送り手と受け手のコミュニケーションについて，どのようなコミュニケーションの形がありうるのかを考えてみたいと思います．これまでは送り手から受け手への一方通行を考えがちでした．これからは，一方的な関係を考えなおし，

送り手と受け手

送り手と受け手

送り手が積極的にメディアリテラシーにとりくむ必要があります．また，メディアリテラシーを学ぶのに，送り手ほど理想的な立場はないのです．なんと言っても視聴者から送り手となったのですから双方の心理を想像することができます．

　メルプロジェクトは民間放送連盟と共同で，2001年から2年間にわたり実践を行いました．いくつかの地域で放送局と子どもたちを結びつけ，たがいに学び合いながら番組を作り，それを実際にオンエアしてもらうという試みです．特徴は，受け手である子どもたちが，メディア表現を学ぶだけでなく，送り手である放送人も学ぶことに重点を置いたことにあります．私も宮城県で実践に加わりましたが[(10)]，その時の中高生の感想が強く印象に残りました．テレビの特徴を鋭く言いあてていたからです．

　「目の前にはいろいろな音や光景があるのに，テレビでは一部分しか伝えられない」，「インタビューするとたくさん話してくれるけれど，短くしなければいけない」，「音も，映像も，人が選んでいることに気づいた」，「カメラをむけると，ほとんどの人は緊張して自然に話せない」，「取材は計画通りにいかないことが多い．予想と答えが違っても，最初の計画を変えるのは不安だ」などの多くの重要な点にふれています．

　いかがでしょう．制作する立場になってみると，多くのことに気づくと思いませんか．これらの感想は，同時に送り手にも多くの気づきをもたらしました．また，私がテレビの仕事を始めた時に感じた初心を思い出させてくれました．それは，長く現場に携わるうちに慣れてしまい，送り手であることも受け手のことも意識しなくなり，忘れかけていたことでした．番組を作る試みは，どちらにも得難い経験になることが実践してわかりました．

　メディアリテラシーの第一歩は，まず自分とメディアの関係と意味について知ることです．そしてメディアのメッセージと影響を知ることが，メディアを道具として使いこなし，新しいコミュニケー

(10) 本書DVDに収録．宮城実践（東日本放送）『小さなテレビクルー〜僕たちが番組を作るんだ〜』，『夕方ワイド　あなたにCue！』

ションを生み出す基礎体力につながるのです．

　もしあなたが番組作りに参加するという機会を得たら，忘れず最初の感想は書き留めておくか仲間で話し合ってみてください．大切な出発点です．最初の驚き，疑問，感動を忘れないで時々思い出してほしいのです．それは同時に，自分に向けて，またテレビ局の制作者に向けての言葉です．この驚きに立ち戻ることで，テレビという世界への想像力が養われるのです．さらに，これはテレビにかぎらず，ゲームや雑誌など身の回りのさまざまなメディアにもあてはめて考えてもらえたらと思います．

テレビの約束

　テレビは，伝えたいと思うものを伝え，表現を可能にするメディアです．しかし，表現を形にするために，心にとめておきたいことがあります．大きく三つに分けてみます．一つ目に，「したいこと」があります．制作者の意欲や創造性です．二つ目は「するべきこと」，公共の福祉にかなうこと，みんなのためになることです．三つ目は，「しなければならないこと」です．これは取材される人との約束や人権を守るということなどです．

　誰もがまず，私が「したいこと」を考えますが，公共のために，「するべきこと」を忘れてはいけません．そして放送の基盤を支える倫理として「しなければならないこと」があります．それらを通して，私たちは表現する行為，夢との共同作業に向かうのです．

　私は小さい頃からテレビ，特にドキュメンタリーが好きでした．テレビという小さな箱から知らない世界や人々の表情が写し出されるのを，わくわくして見ました．やがて，写し出される人が，ときに自分の方に向かって「きみはどう思う」と問いかけてくることにも気づきました．

　いまでも素晴らしいドキュメンタリー番組に出会うと，自分は何

> 送り手と受け手

ができるだろうと考えます．同時に，自分が制作者だったら，どのようにこのテーマと向き合い，作るだろうと想像します．このドキュメンタリーは多くの困難を乗り越え，制作されたに違いないと思いをめぐらします．すると，完成にいたるまでの番組の成り立ちや制作者の思いが見えてきます．

すべての表現はメッセージをもちます．どんな表現にも制作した人がいてメッセージをもってあなたに働きかけます．メッセージがあるから人を感動させるのです．

テレビは生き物のようなもので，見ることはテレビと一緒に自分のストーリーを作ることだと話しました．さらに，テレビは問いかけたり，かかわることを求めたりすることもあります．メッセージを送り，感動させ，ときに問いかけ，しかもほとんどすべての人が楽しめます．

このようにテレビは優れたメディアですが，その分，私たちは知らず知らずに大きな影響を受けてもいます．暮らしに溶けこんだテレビをよく観察すると，テレビの向こう側には送り手がいます．でも，これまでたがいに対話することは，ほとんどなかったのです．

たがいの見方や考え方が交わされる場が必要です．仕事に慣れると驚きや好奇心がうすれてしまいますが，受け手からのさまざまな疑問や質問に出合うことで，送り手は，はじめは自分たちも同じような感想をもったことを思い出します．驚きを思い出すことは，受け手から送り手になっていくプロセスを見つめることにつながります．

2004年にメルプロジェクトは，送り手と受け手の対話をテーマにしたワークショップを試みました．送り手も受け手も大人も子供も，同じ地平で自由に意見を交わし，たがいの文化を知り，尊重し，学びあう豊かな世界を共に描くための実践でした．

批判的に自分の仕事を見つめることができる制作者と，テレビの特徴を理解した創造的な視聴者が出会う場所が，あちこちに広がり，

豊かで優しいメディア社会へと向かうことが，私たちの夢です．

コラム 06 体験しながら学ぶ

高宮由美子（NPO 子ども文化コミュニティ）

　情報化社会といわれる現代の子どもたちは生まれたときから高度な情報機器に囲まれ，日常的にあまりにも当たり前のように情報洪水を浴びています．子どもたちの多くは，実体験よりもバーチャル体験やテレビからの情報が圧倒的に多い環境の中で育っています．

　私は子どもたちがメディアリテラシーを学ぶ場合，メディアがもつ複合的な要素や影響を頭で理解するだけでなく，実際に体験しながら学んでいくことが大切であると思います．

　また，子どものメディアリテラシー実践は，子どもが主体となってとりくめるプログラムであることや，自然の中で五感を活性化させ，遊びや地域での仲間との活動を通して子ども自身の成長につながるプログラムの開発が必要であると考えて，メディアキッズの活動をしてきました．

　メディアキッズの活動では，①自然や環境への気づきをメディアを使って表現・発信する力の育成，②ファシリテーターの養成を目標としました．また，活動のポイントとして，①できるだけ野外で活動できるもの，②グループで協力してとりくめるもの，③一人一人の役割が明確であること，④遊びながら子どもの主体性や創造性を引き出せるものとしました．

　2001 年 9 月から約 1 年間，「自然体験とメディアリテラシー」をテーマに地域の公園や森などで活動してきました．これらの体験を踏まえて民放連メディアリテラシー・プロジェクト福岡実践に参加することになりました．

　民放連メディアリテラシー・プロジェクト福岡実践に参加した子どもたちは，NPO 子ども文化コミュニティのメディアキッズという活動に参加している小学 4 年生から高校 1 年生までの 18 名でした．

　子どもたちにとってテレビ局はあこがれの世界．テレビでオンエアす

る番組づくりにチャレンジできるうえに，台湾の子どもたちとも交流できるということで，ワクワクと期待に胸を膨らませながら参加してきました．

　メディアキッズは，感じたことを思うままに撮って作品をつくっていたときとは違って，テレビ局の協力でオンエアする作品づくりに予想以上の苦労と手応えを感じ，そして大きく成長した活動になりました．この約半年間のプロセスは子どもたちにとっても，私にとっても喜びと発見，苦労と学びでいっぱいでした．

　福岡（日本）と台北（台湾）という，お互いに相手の国をイメージしてつくったポスターを交換したり，オンラインテレビ会議で相手の顔を見ながら交流したり，自分たちのまちの紹介ビデオをつくって交換するというプロセスを通して，メディアの作り手と受け手の体験を何度も積み重ねていくことで，互いに理解が深まりました．

　これまでは，見る側だった立場から，作り手としての立場になる体験を通して，テレビを見る目も変わりました．放送局側の人も，はじめは子どもたちのビデオ作品づくりのお手伝いという感覚から，子どもたちにふれあうことで，忘れていた初心に気づかされたり，子どもたちならではの正直な表現に感動したり，子どもたちとどう接したらいいのかを悩んだりして，半年間の間にはたくさんのドラマがありました．

　メディアからの情報が偏っていることにお互いに気づき，「本当はこうなんです」と，自分たちが感じている本当の姿，正直な気持ちをあらためて発見して，メディアの作り手としての体験をしていく，そこに放送局をはじめ，社会のさまざまな人が関わりあいながらメディアリテラシーの実践をしていくという営みは，メディアリテラシーを学ぶ優れたカリキュラムとして，できるだけ多くの子どもが，子ども時代に一度は体験できる機会であるといいと思います．

　子どもたちが，社会のさまざまな人と関わりを持ち，問題を乗りこえ，夢や希望を実現していくために，子どもたちがとらえた目でメディアを使って発信していくことは，子どもの社会参加の一つの方法として，私は，これからも子どもたちと一緒にとりくんでいきたいと考えています．

＊本書DVD「福岡実践（RKB毎日放送）」を参照．

テレビと地域・空間

坂田邦子

はじめに

　テレビについて学ぼうとするとき，テレビの受け手と送り手の関係について考えながら実際に番組を作ってみることで，テレビ番組がどんなふうに作られているのかを経験的に理解する必要があるということを前提にここまで学んできました．

　実は，もう1つ考えなければならない大事なことがあります．それは，社会のなかでテレビの置かれている「場所」です．テレビは，普段，私たちの家の居間の1番目につくところに置いてありますね．私たちにとってそれが「そこ」にあることは当たり前で，それが本当は「どこ」にあるのか，その後ろに何があるのかといったことについてはあまり考えようとしません．ちょっと謎めいて聞こえるかもしれませんが，私たちの居間にあるテレビは受像機としての「テレビ」でしかありません．つまり，「テレビを見る」というときの「テレビ」とは，まったく違う場所でテレビ局が制作し，電波にのって送られてきた番組のことを言っているのです．そして，このテレビのしくみ自体が，社会から切り離された単独なものとしてあるわけではなく，社会のなかのいろいろなものと関係を持ちながら，さまざまな文脈のうえに成り立っていると言えます．つまり社会的な関係性のなかでは，テレビはいろいろな「場所」に存在しているのだということができるのです．ただ，私たちの見ている「テレ

ビ」の存在感やインパクトが強すぎて，なかなかこのいろいろなものとのつながりが見えてこず，それらの関係性について考えてみようとすることすら難しいのが現状です．

　テレビについて学習する際，テレビをこのような社会的な関係性のなかでとらえなおしながら，多様な方向からのアプローチを取り入れることはとても重要です．そしてこういった学習を可能にするような学習のデザイン，そして学習の「場」のデザインが必要とされます．教室のなかで，暴力的で衝撃的な映画のワンシーンを分析したり，商業的色合いの濃いCMに対する批評を行うことは大切です．しかし，そこで終わらせるのではなく，そのような表現がなくならないばかりでなく，必要とされてしまうような社会的なからくりを理解することも大切です．そのうえで，それに対してどういったオルタナティブ[1]があるのかを考えたり，自らメディア表現に挑戦していけるような発展的な学習が求められていると言えます．ただし，このような学習を，学校や社会教育施設，もしくはテレビ局などが単体で仕掛けていくことには限界があります．作り手と受け手を含む，異なる立場からの異なる視点や見解を取り入れた協同的な学習がメディアリテラシーには求められていると言えるでしょう．

　ここでは，実際に，社会的なさまざまな関係性のなかでテレビについて考えてみるとともに，このような複合的な視点を取り入れた実践的学習のためのデザインがいかにして可能かということも同時に考えてみたいと思います．

(1) 別の方法，新しいやり方．この場合，別の表現方法，メッセージの伝達方法など．

テレビと地域・空間

テレビの「場所」

テレビと場所

さっそくですが，旅行などで別の地域に行って，夜やることもないのでテレビをつけたのに，馴染みのない番組ばかりで，いまいち面白くなくて消してしまったという経験はありませんか？ 反対に，温泉旅館で何気なくテレビをつけると，見慣れたタレントが出ているいつものバラエティ番組をやっていて，ふと「ここはどこだっけ？」と自宅にいるような感覚にとらわれてしまったことはありませんか？

最近では，テレビなんて日本全国どころか世界中どんな僻地に行っても，同じような黒い箱型のもの（近頃は薄くなったり色が変わったりしていますが）が必ず目につくところに置いてあります．これに対して，テレビの中身の方は国によって，地域によって，それこそ千差万別です．私たちは日常生活のなかで自分たちが見ているテレビ番組のことしか知りません．でもそこから少し離れてみると，地方に，世界に，いろいろな種類や内容のテレビ番組があり，通常私たちの知りえない地域情報や地域文化，そして地域独自の物語が存在していることに気づくでしょう．

このように，地域的な隔たりを越えて，東京―地方，日本―世界といった地域的な関係性や文化がどのようにテレビ番組に影響を与えているかといったことについて考えてみることは，普段私たちが見ているテレビ番組について考えてみるのに大変役立ちます．地域によってどのような情報が必要とされているか，どのようなオチが笑いのつぼにはまるのか，といったことを比較してみることは，日常的に私たちが接しているテレビ番組を見直すきっかけにもなるはずです．

テレビをつくる場所・のせる場所(メディア)

　次に,テレビ番組がつくられる場所についても考えてみましょう.いまやテレビはどこでも見ることができますが,どんな番組でも見ることができるというわけではありません.近年,韓流[2]といって,「冬のソナタ」などの韓国で制作されたドラマが大流行していますが,これはどちらかといえばやはり特殊な例だと言えるでしょう.実際には,東京で沖縄のローカル番組は見られませんし,イギリスのBBCの人気番組「トップ・オブ・ザ・ポップス」だってアメリカの人気プロレス番組の「WWE」だって,スカイパーフェクTVやケーブルテレビに加入していなければやっぱり見ることはできません.

　言うまでもないですが,私たちが日頃見ている地上波テレビ番組のほとんどは日本で作られたものです.しかも民放テレビの場合,さらにその約80～90パーセント近くが,TBSやフジテレビといった東京や大阪にあるキー局や準キー局と呼ばれる大きなテレビ局が制作した全国ネットの番組で,地方で制作された番組は残りのたった十数パーセントです.さらに海外で制作された番組となると数えるほどしかありません.つまり,映画のようにパッケージ化された映像が,軽々と国境を越えて流通しているのに対して,テレビの場合,私たちが見ているテレビ番組がつくられる場所は,東京とせいぜい私たちが暮らしている地域にある数少ないテレビ局に限られています.そして,テレビ番組制作というのは,事実上このような少数のテレビ局とその下請けとなる制作会社だけが行っているような状況です.そしてもっと不思議なことに,私たちはそれを当たり前のことだと思ってしまっています.最近では,例えばイラク戦争の報道などで,ビデオ・ジャーナリスト[3]といった人たちの映像がテレビで多く放送されましたが,日本では,数少ない事例を除いて,まだまだ一般市民がテレビ放送に関与することが一般的であるとは言えません.

(2) 東アジア,東南アジアでポップミュージックや映画,ドラマなどの大衆韓国文化が大流行している現象のこと.

(3) 放送局や制作会社に所属せず,小型ビデオカメラで,撮影,取材,レポート,編集といった一連の作業を独自に行う独立したジャーナリストのこと.

テレビと地域・空間

テレビと地域・空間

　また，このようなテレビの状況について考えるとき，他のメディアと関係づけて考えてみることで，その理由が少しずつ明確になってくるかもしれません．現在の日本の映像文化のなかで，テレビの影響力はやはり無視できないものがあります．ただし，映像メディアとしては，映画やビデオなどもありますし，最近ではブロードバンドの普及とともに，インターネットを通じた映像配信もますます増加しており，携帯電話での受信も可能になっています．こういった新たなメディア・テクノロジーが，テレビのあり方に影響を及ぼしつつあることも事実です．このような他のメディアとの関係から，テレビの限界や今後の可能性について考えてみてはどうでしょう．また映像メディアだけでなく，活字メディアなど他の種類のメディアと比較しながらテレビについて考えてみることは，このテレビというメディアの特性について考えるうえでもとても役に立つと思います．

テレビを見る場所・学ぶ場所

　そして，私たちがテレビを見る場所についてもいま一度考えてみましょう．もちろん，通常は，家庭にあるテレビを見ることが多いでしょうが，先ほどのように旅行先で見たり，友だちの家で友だちと一緒に見たり，病院の待合室で見たり，学習のために学校の授業で見たり，と実際にはさまざまな状況でさまざまな見方をしているはずです．また，家庭内にテレビが何台も置かれるようになると，以前のように居間で家族が集まってテレビを見るという状況は少なくなり，子どもが別の部屋で子どもだけでテレビを見るという状況も増えています．このようなテレビの見方には，居間で家族と一緒に見るのとはまた異なる状況があると言えるでしょう．

　もともとメディアリテラシーという考え方が普及していく背景として，テレビの暴力シーンやセックスシーンなどが子どもに与える影響と子どもをテレビから守らなければならないという考え方があ

りました．しかし実際には，何十年と続くテレビ研究のなかで，理論上はテレビが子どもに与える直接的な効果や影響力は確認されていません．むしろここ数十年で，テレビ番組そのものよりも，テレビを見ている視聴者に焦点が当てられてきています．つまり，テレビの内容よりもテレビを見る状況や見ている人の社会的背景などが重層的に影響力を決定しているのだという考え方です．

　ここには議論の余地もありますが，このように考えると，送り手側の意図や背景を読み解くメディアリテラシーが必要なのはもちろんですが，テレビ番組の内容の検討だけでなく，「テレビを見る」という行為そのものについて考えてみることも大事なことだと言えるでしょう．

変化するテレビの「場所」

　以上のように，テレビについて学ぼうとするとき，制作される場所や組織，媒体となるテレビのメディア的特徴，「見る」という行為などについて考えながら，それぞれその社会的背景を考えてみることはテレビへの理解を深めるのに大変役立ちます．むしろこれらについて考えることなく，テレビについて理解しようとすることの方が困難なくらいです．

　さらに，デジタル化の進展というだけでなく，時代やテクノロジーの変化とともに，上記のような，作る場所，のせる場所，見る場所，学ぶ場所は，少しずつではありますが一極集中的な状態から拡散しつつあり，地理的・空間的に見れば，ずいぶんとその様子は変化してきていると言えます．たとえば「作る場所」はテレビ局・制作会社から，市民団体，学校，社会教育施設といった場所へ，「のせる場所」もテレビからインターネットや携帯電話へ，「見る場所」は家庭から学習の場所や，街頭モニターや電車のなか，そして，「学ぶ場所」自体が学校だけではなく，社会教育施設，家庭へと，期待まじりではありますが変化しつつあります．

テレビと地域・空間

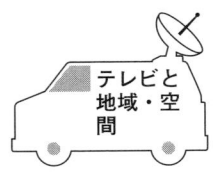

テレビを深く理解し，テレビを読み解くためには，このような時代や社会の変化を見据えながら，それぞれの立場をつなぎつつ複合的で多角的な視点を取り入れた学習の場をつくることが要求されているのではないでしょうか．

地域のなかのテレビ——ローカル，そしてグローバル

以上のような観点からテレビを考えていく手始めとして，まず地理的なつながりのなかでテレビについて考えていきたいと思います．

「地方」と「全国」

さきほども言いましたが，日本全国で見られているテレビ番組のほとんどが，キー局，準キー局と呼ばれる大規模なテレビ局によって制作されていて，いわゆる地方局で制作される番組は，平均すれば，せいぜい1～2割といったところでしょうか．そのうちの多くはニュース番組やワイド番組といった日常生活に直接関係してくるような身近な地域情報を取り上げるもので，そういった番組が全国ネットで放送されることはほとんどなく，私たちが普段楽しんでいる多くのバラエティやドラマといったエンターテインメントはほとんど東京や大阪などのキー局，準キー局の制作によるものです．

このような番組制作の配分と中央から発信される情報と映像が日本のテレビ文化をかたどっているような状況を背景に，地方のテレビと全国のテレビとの関係性とともに，以下のような問題を取り上げてみたいと思います．

1. 「地域（ローカル）文化」というステレオタイプ

上記のような「中央集権的」な日本のテレビ文化のなかで，地域文化はいったいどのように表現されているかについて考えてみたい

と思います．日頃見ている全国ネットのテレビ番組のなかで，自分が住んでいる場所や地域は，どのようなイメージで描かれているでしょう．

　たとえば，私の生まれ故郷は鳥取ですが，テレビに出てくる鳥取といえば，必ず砂丘．よくて二十世紀梨ぐらいのものでしょうか．逆に，映像のなかでこういったものが出てこないと「ここは鳥取」と認識することができません．いまだに鳥取県出身といえば，必ず「砂丘だよね」というコメントが返ってきます．地理の時間にそのように習ったということもあるのでしょうが，こういったイメージが何年も変わらずに私たちの頭のなかに存在し続ける原因の一端は，マスメディアにあると考えることができます．テレビなどである特定のものに対する一定の概念やイメージ（「鳥取」といえば「砂丘」というような）が描かれることを「ステレオタイプ」と言います．

　自分たちの町や村がテレビのなかでどのように取り上げられているか，全国番組とローカル番組を見比べてみたりすることで，このステレオタイプについて考えてみてください．あなたは，他の地域，他の人に対してステレオタイプを作ってしまっていませんか？　テレビのなかで自分たちに与えられているステレオタイプを受け入れることができますか？　ステレオタイプではなく自分たちのことを伝えるならば，何を伝えますか？　このように考えてみることで，ステレオタイプのいったい何が問題なのかといったことや，自分たちのいる場所から何かを伝えようとするとき，相手に何を伝えればいいのか，伝えていくべきなのかが見えてくるはずです．

2．地域間コミュニケーションの不在

　このようなステレオタイプの問題とも関連していますが，全国放送で数多く取り上げられる地域情報や地域文化は，主としてキー局のある東京からの視点で選択され，切り取られることがほとんどです．その裏には，「東京」に対する「地方」という関係性について

テレビと地域・空間

の暗黙の合意があります．つまり，「東京」が必要とする地方の情報がそのまま全国ネットのなかで「地方＝ローカル」として映し出され，ステレオタイプを作り出してしまうというプロセスです．そしてその背景として，情報がいったん全国的なネットワークに回収されて伝達されるという地上波テレビの独特のシステムがあります．本来ならば，東京を介さない，たとえば，北海道と沖縄といった地域間のやりとりを要する情報などもあるはずなのですが，実際にこのような情報の回路はテレビの場合ごくわずかしか存在しません．地上波テレビの，キー局から系列局へと情報が流れるその独特のシステムの下では，このような地域間の水平なコミュニケーション回路の成立自体がほとんど難しいからです[4]．

ただし，このような水平なコミュニケーションへの欲求は，現在ではインターネットなどによって代替されるようになっていると言えます．ブロードバンドがさらに普及すれば，さらにこういった水平間の映像のやりとりが可能になるでしょう．テレビというシステムの独自性からそこにはどうしてもコミュニケーションの限界があります．このような限界を踏まえて，テレビで伝えられているもの，テレビでは伝えられないものについて考え，地域間コミュニケーションのために，どのようなオルタナティブな回路が考えられるかさまざまなアイデアを出し合ってみるのもよいかもしれません．

3．地域からの情報発信の不在

同様に，このような状況のなかで，特に地上波や衛星放送の全国放送において，地方から主体的に情報を発信しようとする試みは，非常に少ないと言えます．ケーブルテレビやスカイパーフェクTVなどには，地方で制作された番組を放送するチャンネルがあったり，そういった番組を地域間で流通させたりするしくみがあったりしますが[5]，特に地上波テレビの全国放送においては，誰かが定めた「日本の視聴者」という一枚岩的な「視聴者」が必要としている

[4] 九州や東北などの地区単位内の各局が制作した番組を，相互に放送するブロックネットという形式もあるが，大きな拡がりをもつには至っていない．例えば，JNN系6局「窓をあけて九州」(日曜日，午前10時～10時30分)などがある．

[5] たとえば，鳥取県米子市を拠点とするSCN（サテライト・コミュニケーションズ・ネットワーク）では，全国のケーブルテレビ局で制作された番組を全国的に流通させるネットワークを構築している．http://www.sc-net.ne.jp/

（と考えられている）地方の情報やメッセージがテレビにおける地域情報のほとんどです．

　一方で，地域から情報を発信する際，東京または全国が必要としているだろうと思われる情報を，意識しないまま自ら発信してしまうという状況がないとも言えません．地域から全国に対する主体的な情報発信が少ない背景として上記のような地上波テレビのシステムによる限界などもありますが，そういったことを含めて，なぜ地域からの情報発信が少ないのか，本当は誰がどのような地域情報を必要としているのかについて考えてみることは，現在のテレビの社会的なシステムそのものに対する理解を深め，問題点について考えることにつながるでしょう．そして上記のような水平なコミュニケーション回路の実現とともに，地域からの主体的な発信の可能性について考えてみてください．

　このように，地理的な空間のなかで社会におけるテレビについて考えるとき，地方—東京（全国）といった関係の問題性とともに，そこにはテレビのメディアとしての限界（「特性」というべきかもしれませんが）があることは否めません．

　地理的，地域的な視点からテレビについて学ぼうとするとき，以上のような自分のいる地域・場所についてあらためて確認してみようとすることはとても重要です．その意味で，地域コミュニティそのものが，主要な学習の場であるとも言えます．そのときに，上記のような「全国的」なテレビの弱点，反対に地域的なテレビの弱点，日常的に見ているテレビと自分たちの地域，コミュニティのなかで必要とされるテレビの関係性，そのなかで表現されていることや伝達される情報に対する違和感，といったことについて考えてほしいと思います．それによって，自分たちが本当は「誰に」「何を」伝えたいのかを明確にし，自分たちの地域の文化をどのように表現し，伝えていくべきかについて考え，自律的なメディア表現へと発展さ

テレビと地域・空間

せていくことができるでしょう．

世界のテレビ

　さて，地域，地域と言ってきましたが，地域というのは何も日本国内に限った話ではありません．今度は日本を飛び出し，日本のテレビと海外のテレビの関係について考えてみましょう．

　ここ数年来，日本のテレビ番組，特にアニメやドラマが海外で人気を博し，特にアジア地域では，こういったテレビ番組を通じて，若者のあいだで日本文化に対する共感や認知が高まったと言われています．これに対して，私たちが見ている日本のテレビはどうでしょうか．上述しましたが，最近でこそ，韓国ドラマが大流行し，ビデオなどでも韓国のテレビ番組を容易に入手できるようになりましたが，それでも，私たちが見ているテレビ番組のほとんどが「国産」で，海外の国々の状況と比べても，その割合は非常に高いと言えます．その理由として，日本の番組制作技術が高いこと，資金が豊富なことなどがあると言われています．しかし実際には，その裏表として，私たち日本人がテレビに求めるものが，自分たちとは関係のない地域で起こっている出来事や情報を知ることよりも日々の疲れを癒やし忘れさせてくれるということにあるからかもしれません．言い換えれば，私たちは異質な文化を楽しむということよりも馴染みの文化に寛ぐということにテレビの価値を見出しているのかもしれません．

　さて，このような状況のもと，日本では一部の人気番組をのぞき，海外の番組を見ることのできる機会は非常に稀だと言えます．しかし，テレビと日常生活や社会との関係，視聴の状況，番組の種類・内容，制作方法といった点で，日本とはずいぶん異なる海外のテレビ番組を実際に見たり，その国のテレビ事情やテレビ文化について考えてみたりすることは，メディアリテラシーとしてとてもおもしろい発見があるように思います．海外のテレビ番組を見ることで，

主な海外の映像へのアクセス

〈テレビ番組〉

◆「Sky PerfecTV!」http://www.skyperfectv.co.jp/
アメリカ,イギリスなどの番組の他,中国,韓国,ブラジル,フィリピンなどの番組の視聴が可能(要加入).

◆「NHK 日本賞ビデオライブラリー」http://www.nhk.or.jp/jp-prize/open.html
世界各国の教育番組のなかから日本賞受賞作品のビデオの貸し出しを行っている(ただし,すべて英語で,利用方法に制限があるので注意).

〈アジアの映画など〉

◆福岡市総合図書館,映像資料センター(福岡) http://toshokan.city.fukuoka.jp/
アジアなどの映画を所蔵.ビデオライブラリーで視聴可.

◆国際交流基金アジアセンター,ライブラリー(東京) http://www.jpf.go.jp/j/
アジアの映像を所蔵.ビデオライブラリーで視聴可.

〈映像祭〉

◆山形国際ドキュメンタリー映画祭(山形)
http://www.city.yamagata.yamagata.jp/yidff/home.html
2年に一度10月に開催.ドキュメンタリーを広義に捉えたさまざまな映像が見られる.

◆アースビジョン地球環境映画祭(東京) http://www.earth-vision.jp/top-j.htm
毎年1-2月にかけて開催.「環境」をキーワードとする多様な映像が出展される.

＊その他,全国各地で,国際的な映画祭,映像祭が開催されているのでチェック.

〈その他〉

在日外国人コミュニティにある雑貨屋やビデオレンタルショップなども要チェック(ただし,字幕がなかったり,著作権をクリアしてないこともあるので注意).また現在では,インターネットやDVDで見られる海外番組,映像も多い.

テレビと地域・空間

その国の歴史や文化を知ることができることは言うまでもないですが，それによって，再び自分たちのテレビ文化を振り返り，問題点や可能性について考えてみることが可能になります．

たとえば以下のようなことが考えられるでしょう．

1. 国による映像文化の違いを発見する

　国によって地域によって，番組編成，好まれる番組のスタイル（たとえば欧米では，ソープオペラ[6]，シット・コム[7]といったものやディベートものなどが人気があります），表現規制の基準といったことから，映像のテンポ，スーパーの入れ方，ナレーションのスピードまで，ずいぶん異なります．そこには，それぞれの国の文化や歴史，ものの考え方が色濃く反映されているはずです．

　それによって，私たち自身が自明と思って見ていたテレビが，いかに日本のテレビという文化と伝統のなかで時間とともに作り上げられてきたものなのかということに気づくことでしょう．また逆に，海外の番組に私たちの見慣れた手法が頻繁に使われていたりすれば，映像のグローバル化がどこまで進んでいるのかということを考えるきっかけにもなるはずです．

2. 「ステレオタイプ」について考える

　前項で，全国のテレビと地域のテレビについて考えることで，ローカル文化の「ステレオタイプ」について考えることができると述べましたが，世界のテレビについて考える場合にも同様の気づきがあると言えます．むしろこちらはより明白で，たとえば，海外の番組で〈日本〉がどのように表現されているのかを実際に見てみれば，〈日本〉というステレオタイプやイメージがメディアを通じて海外でどのように作り出されているのかを目の当たりに感じることができるでしょう[8]．

　サムライやフジヤマだけでなく，ジャパニーズ・ビジネスマンや

[6] アメリカ，イギリス，オーストラリアなどで人気の連続ドラマ．なかには何十年も続くものもある．

[7] シチュエーション・コメディ（situation comedy）の略．アメリカなどで人気のあるドラマ仕立てのコメディで，途中，観客の笑い声などが入るのが特徴．日本では，2002-03年にかけて，フジテレビで三谷幸喜脚本の「HR」という番組が深夜に放送されていたが，半年で終了している．

[8] 川竹和夫，杉山明子他編「外国メディアの日本イメージ——11ヵ国調査から」（学文社，2000年）などが参考になる．

イギリスのチャンネル4で放送されていた「BANZAI」. どう見てもヘンな日本人が登場する.

アキハバラ，もしかしたらそこには私たちの知らない〈ニッポン〉までもが描かれているかもしれません．そのような映像にさらされている外国人が私たち日本人についてどのようなイメージを持つのだろうかと考えてみることは，同じように私たちがテレビで見る「○○人」に対して持っているイメージについてもう一度考え直してみる機会となるでしょう．

3. 日本のテレビを振り返る

　海外のテレビ番組を通じて発見したこのような問題意識は，そのまま私たちのテレビ文化に対する反省や理解につながっていくはずです．私たちの国のテレビ文化が私たちの社会のなかでいかにドメスティックにつくられてきたのか，日本に暮らす外国人たちはこのような日本のテレビ文化をどのように受け止めてきたのだろうか，といったことに考えをめぐらせ，「ステレオタイプ」という問題にとどまらず，テレビは異文化や他者というものをどのように扱ってきたのだろうか，そこに問題はなかったのだろうか，という疑問に発展させていくことは重要です．国境を越えて情報が行きかう今日のグローバル社会において，メディアを通じた異文化間コミュニケーションはますます増えています．こういった状況のなかで殊更に必要とされているのが，メディアリテラシーだと言えるでしょう．

[テレビと地域・空間]

メディアとしてのテレビ——目標,脱テレビ的!?

　さて次は,テレビのメディア的な特性について考えるために,他のメディアとつなぎながら,テレビが社会のなかに数あるメディアのなかの1つであるということをいま一度思い起こしてみたいと思います.

テレビという特殊なメディア

　私たちは,メディアリテラシーについて考えるとき,テレビというメディアから考えることが多いのですが,次の章でも出てくるように,メディアリテラシーを,テレビに限ったこととして考えるべきではありません.同様に,テレビについて考える際にも,他のメディアとの関係のなかで,これを見ていくことで多くの気づきがあると考えられます.そのために,まずテレビというメディアの特殊性について考えてみる必要があるように思います.

　メディアというのはそれぞれに特殊性を持っているものですが,テレビは,あらゆる意味でメディアのなかでももっとも人々の関心の対象となりやすいメディアであると同時に,社会的な「呪縛」の強いメディアであるということもできます.たとえば視聴率を重視するばかりに低俗な番組が増えているとか,視聴者に媚びるようなあざとい演出方法が多用されるといったような指摘がなされたり,やらせや誤報が社会的なインパクトをもってしまうのも,テレビというメディアの社会的な特性のためだと言えます.産業として,歴史として,文化として,テレビはメディアとしての独自の特性を持ち合わせているのです.ここでテレビの特徴を1つ1つあげるときりがないので省略しますが,実際の学習を通して,また映像制作などの実践のなかで,メディアとしてのテレビの特徴について考えてみることは非常に重要です.

テレビは一般に映像メディアだと言われますが，映像メディアだけでも，映画，ビデオ，街頭モニタ，インターネット，携帯電話，写真などさまざまな種類があります．また，それ以外の活字メディア（新聞，雑誌，書籍など）や通信メディア（電話，手紙，電子メールなど），身体メディア（演劇，ダンス，音楽，パフォーマンス，声など）の特性について考え，これらを比較してみると，メディアとしてのテレビの特性が浮かび上がってくるはずです．ただし，そこには，メディアによって異なる産業のしくみ，テクノロジー，社会的な認知や定着の程度，受容のされ方，社会的影響力などといったようなメディアとしての特徴の違いから，メッセージ性，娯楽性，政治性といったテキストの性質，表現方法，演出方法の違いといったことまで，ポイントは多岐にわたりますので，これらを絞って考える必要があるでしょう．

　私自身が仲間と一緒に実際に行った「メディアくらべ」という実践学習があります．この実践では，グループに分かれて，1つのストーリーをさまざまなメディア（映像，壁新聞，ウェブサイト，ゲームなど）を使って実際に表現してみるということを行いました．端から見ていると，その制作過程や悩んでいる状況などから，メディアの特性の違いが明確にわかり興味深かったのですが，肝心の本

「メディアくらべ」実践の様子

テレビと地域・空間

人たちは制作に没頭してしまい，他のグループの表現との比較が十分にできずに終わってしまったという反省もありました．しかしながら，こういった失敗を克服して，実際に多様なメディアによる制作を通じてメディアの特性について考えることは，テレビの特性をあらためて考えてみることにも役立つに違いありません．

テレビ的表現と身体

　一般に大きな社会的影響力を持つと言われているテレビというメディアについて，実際のところ，その内容やメッセージが，受け手に対し具体的にどのような影響を与えるかという点について明確にすることはとても難しいと言えます．ただ，実際に映像制作をしてみると，他のメディアと比較してテレビがいかに私たちの身体に無意識的に取り込まれているかということに気づきます．ただし，これは，考え方とか価値観というよりも，どちらかといえば映像文法や表現，演出方法といった領域の話になります．

　これは私自身の体験ですが，実際に学生たちと映像制作を行うとき，学生たちは，通常私たちが見ている「日本のテレビ番組」に近いものを作ろうとする傾向が強いように思います．たとえば，映像の長さや間，スーパーやエフェクト[9]，BGMの多用など，テレビ番組として制作する場合は当然といえば当然なのかもしれませんが，そうでない場合にも，よほどのこだわりがない限り，無意識のうちに「日本のテレビ的」な笑いや演出を組み込もうとする学生が多いように感じます．映像にはテレビ以外にも，映画，インターネット，プロモーションビデオなどさまざまな種類，スタイルがありますが，彼らの作品は，ある意味で，テレビというメディアにもっとも規定されているように私には思われました．

　また，映像制作学習のなかで，ほとんど初めてのはずの学生たちが意外に上手に制作するのにびっくりしたという先生の話もよく聞きますが，これも，作る側と見る側が同じ「コード」を用いている

(9) エフェクトとは，スロー再生やモザイクなどの特殊効果や場面の切り換えなどの際に入れるさまざまな効果のこと．

からだと考えることができます．つまり，私たちがすでに馴染んでいる日本のテレビ的な感覚を用い，それを共有しているということがそこに違和感を覚えない原因であると考えられるのです．また反対に，私たちにとってテレビ的な表現がすでに身体化されていると考えれば，そのために，そうでない種類の映像をおもしろいと感じることができなくなっているということが言えるかもしれません．海外で制作された番組があまりおもしろくないと感じる原因ももしかしたらそこにあるのかもしれませんね．

テレビでわかること，テレビではわからないこと

　一般に，映像制作を教える人間として，テレビ局関係者や実際にテレビ番組の制作現場に携わったことのある人が映像制作の指導を行うことが多いように思いますが，実はその場合，こういった限界を越えようとすることは非常に困難です．というのも，指導する側，学習する側がともにまるで当然のように「テレビ的」なものを受け入れてしまうため，それ以外の選択肢を見つけることが難しいばかりでなく，それが「正解」になってしまう危険性があるからです（媒体がテレビではなく映画や新聞だとしてもおそらく同じことが言えるでしょう）．

　もちろんそれでも，「テレビ」を教えるためには十分ですし，テレビとしてのメディアの特性を理解することはできます．ただ，その次のステップとして，自律的なメディア表現という学習に発展させようとする場合，テレビ的ではないオルタナティブな表現方法ついて考えることが必要ですし，それによってテレビのメディア的特性についても再度問い直すことができるはずです．

　また，テレビ的表現を当たり前のように受け入れてしまうことによって，そこに先に言ったような「社会的な呪縛」というものがすでに組み込まれてしまっているという事実に気づきにくくなるかもしれません．そしてまた，この「社会的な呪縛」という部分を差し

引かないままに「テレビ的」なものを再生産していることにも気づかない可能性があります．もう少しわかりやすく言えば，テレビの社会的な特性にもとづき，テレビだから，このような表現や演出が必要なのだとか，テレビではないので，別の表現が可能なのだということに対する気づきということです．こういったことを相互に考えながら，映像表現について考えることは，テレビというメディアの特性を考えるうえで，非常に重要な視点になると思われます．

組織をつなぐ——メディアの学びのために

それでは今度は，これまで述べてきたような視点を取り入れた実践的な学習を実現するために，テレビとメディアリテラシーについて学ぶための学習の「場」のデザインと，そのための組織の連携について考えてみたいと思います．

民放連プロジェクトの場合

民放連プロジェクトでは，学校，テレビ局をはじめ，社会文化施設（ミュージアム），市民団体（NPO／NGO），行政，研究者，学生といったさまざまな領域にある組織から集まった人々の手でそれぞれの実践が展開され，最近ではちょっと流行（はやり）の言葉にもなっている「ネットワーキング＝連携」と「コラボレーション＝協働」を実現した活動であったと言うことができます．

たとえば，そのうちの宮城実践では，テレビ朝日系列の東日本放送（テレビ局）と宮城県登米郡南方町のボランティア・サークル「天の川」の高校生（地域の中高生グループ）と南方町役場（行政）を中心に，仙台市の公共文化施設「せんだいメディアテーク」（ミュージアム），そしてメルプロジェクトからも研究者，院生が数名参加し，複数の組織をまたぎ，多くの人員が関わる協働的な活動と

図1 宮城実践の関係図

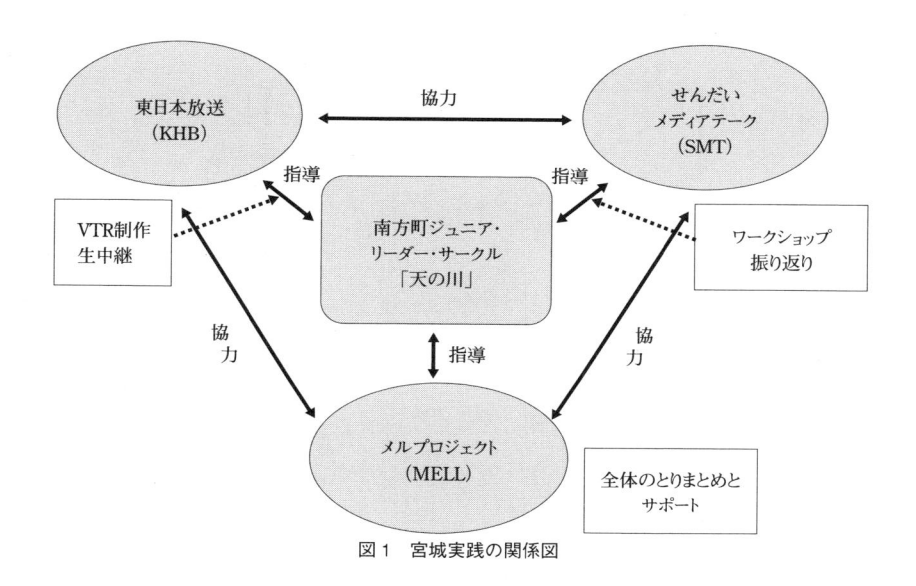

なりました（図1）[10]．また，福岡実践では，海を越えて台湾のメディアリテラシー研究機関と実際に国際交流をしながらの映像制作を行いました（図2）[11]．

このように，民放連プロジェクトでは，「学びのコミュニティ」[12]をつくるために多くの組織をつなぐことを試みましたが，そこには，現在の学校教育・社会教育の場におけるメディア学習の限界を乗り越えようという目的がありました．

メディア学習における「連携」と「協働」の意義

他の地域や文化，メディアといった社会的な関わりのなかで，社会的文脈に即したメディア学習をデザインしようとするとき，学校や社会教育施設が単独でこれを行うことは，人材，設備等さまざまな点において，現実的にはまだ非常に難しいことであると言えるでしょう．「送り手」と「受け手」だけでなく多様な視点とアプロー

(10) 宮城実践については本書DVDに収録．『小さなテレビクルー～僕たちが番組を作るんだ～』，『夕方ワイド あなたにCue！』．

(11) 福岡実践については本書DVDに収録．『福岡と台北の子どもたちのビデオレター交流』．

(12) 詳しくは，山内祐平『デジタル社会のリテラシー――「学びのコミュニティ」をデザインする』（岩波書店，2003年）を参照．

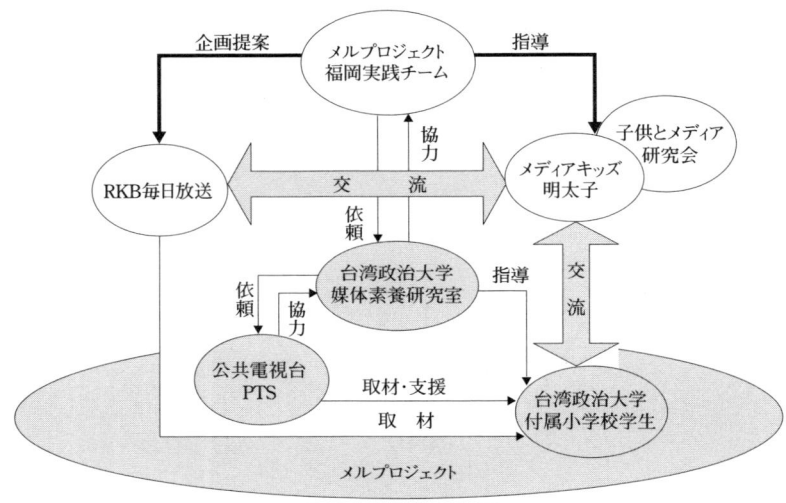

図2　福岡実践の関係図

チを取り入れるためには，必要な組織や人材とのネットワークづくりとコラボレーションが成功の鍵になると思われます．以上のような民放連プロジェクトの経験にもとづき，メディア学習における連携と協働の意義についてまとめると，以下のようになるでしょうか．

1. 専門性の壁を越えた学習を可能にする
   単独の教育者が持ち得ない必要な専門性を有する人材（プロの制作者や研究者など）による，専門性の高い指導を可能にするための回路をつくる．
2. 社会的文脈に即した学習を可能にする
   テクストの読み解きやメディア表現を，閉じられた教室内だけで行わず，学習したことを社会に還元するための回路をつくる．
3. 場に規制されない自由な「学びのコミュニティ」を提供する

学校教育といった枠組みや，指導者やファシリティ（設備）の不足にとらわれることのない学習の場を実現する．
4. 学習に多様な視点や価値観を取り入れる
学習の過程で，「プロ」と「アマ」＝「教える側」と「教えられる側」といった関係性をなくし，研究者や社会教育施設などの第三者的な視点を取り込む．
5. メディアリテラシー活動を地域社会に定着させ，地域社会に貢献する
地域の社会文化施設や市民団体などが，地域社会においてメディアリテラシー活動をデザイン・展開できるようにするためのノウハウの獲得とネットワークをつくる．

ネットワーキング・コラボレーションという壁

それでは，地域社会のなかで，学校教育または社会教育において，組織をつないだネットワークとコラボレーションによるメディア学習をデザインしようとする場合，実際にどうやって協力してくれる組織や人材を見つけ，どのようにコラボレートしていけばよいのでしょう？　実際にこのような組織をつないだ学習の場を構築しようとする場合，これがもっとも核心的でもっとも難しい問いであると言えるかもしれません．

　テレビ番組の制作の仕方を教えてくれるテレビ局のディレクター，テレビ以外のメディアの特性や表現について語ってくれるメディア・プロデューサー，学習の場所を提供してくれる社会文化施設，社会のなかに活動を展開させて機動力となる市民団体，学習を客観的に評価し，学習全体を導く研究者．学習の目的に見合った適切な組織や人材がそう簡単にその辺にいるわけではありませんし，運よく見つかったとしても，「はい，いいですよ」と快く協力してもらえるというわけでもありません．

　民放連プロジェクトの場合は，民放連とメルプロジェクトが中心

テレビと地域・空間

となってこのネットワークをつくり活動を行いましたが、ここ最近少しずつ各地で見られるようになったメディアリテラシー活動では、大学の研究者が中心になっているケースも多いように見受けられます。大学は将来的にますます地域社会に開かれていくことが期待されています。まずは、地域の大学やメディアリテラシーの研究者、活動家らに話しを持ちかけてみるのもよいかもしれません。またNPOなどでもメディアリテラシーに力を入れている組織が多くあります。地域や意図に見合った既存の活動からヒントや情報を得ることから始めてみてはどうでしょう。

おわりに──そして，文化をつなぐ

文化をつなぐということ

　以上，メディアリテラシーの学びのために，また学習の場の構築のために，地域，メディア，組織という3つの要素について，それぞれをつないでみることによって見えてくる社会とテレビとの関係性について述べてきました。もちろん，テレビについて考えるとき，このほかにも，政治との関係，経済との関係，制度や法律との関係，技術的な視点など，社会的なさまざまな要素との関係性があり，多くの取るべきアプローチがあります。この章では，あえてこの本の読者のもっとも身近なところから考えてもらうために，「地域・空間」というアプローチが設定されています。まずは身近な問題から，そしてだんだんとテレビやメディアに対する疑問を膨らまし，学んでいけばよいのだと思います。

　そしてこのように考えるとき，これらすべてに共通し，メディアリテラシーの根底にある非常に重要なことは，「文化をつなぐ」ということだと私は思っています。この前の「送り手と受け手」とい

う章で送り手と受け手の文化について書かれているように，送り手には送り手の文化が，受け手には受け手の文化があります．この章で取り上げた，地域性・国際性，メディアの特性，組織間の連携，協働についても，それぞれに，異なる文化を持つものをつないで考えようという意図が根底にあります．地域によって異なる文化をつなげたり，メディアの特性によって異なる文化をつなげたりしながらそれらを相対的に考えたり，異なると思っていたことのなかに共通点を見いだしたりすることによって，それぞれに当たり前のように考えられていたことがそうではなく，歴史や文化，テクノロジーや組織の発展のなかで少しずつ作り上げられてきたものだということに気づくことができるのではないでしょうか．またそれによって，送り手受け手を問わず，テレビや映像には，社会のなかでのオルタナティブなあり方が可能なのだと気づくはずです．

「カルチュラルリテラシー」

　上記のように考えると，メディアリテラシーというのは，一種の異文化間コミュニケーション能力としてとらえることもできます．つまり，馴染みのない文化を持つ送り手の世界を理解しようとしたり，異なる文化を持つ馴染みのない地域のテレビ番組の背景について想像しようとしたりする場合，異文化コミュニケーションと同じ種類の能力が必要とされているといえるのです．このような能力は，「メディアリテラシー」に対して「カルチュラルリテラシー」と呼ばれ，文字通りに解釈すれば，「文化の読み解き能力」ということになります．ここには文化だけでなく，文脈やニュアンスなどを含め，物事の背景について想像し，理解しようとする能力が含まれています．つまり，メディアリテラシーという文脈において，送り手や受け手の文化，地域文化，メディア文化について想像し，考え，理解するためには，このカルチュラルリテラシーが不可欠なのです．

　そして，学習の場においても，上述したような多方向からの複合

テレビと地域・空間

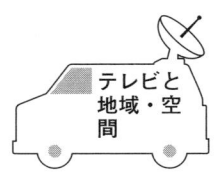

的な視点を取り入れることによって，自然にこのカルチュラルリテラシーを身につけることが可能になるのではないでしょうか．テレビに対するさまざまな考え方や異なる価値観がぶつかり合うなかで，テレビがメディアとして，実際にいかに多文化的で多元的なあり方を潜在的に持っているかということに気づくことができれば，社会におけるテレビのあり方というものを再発見していくことにつながるでしょう．すでに私たちにとって自明なものとして存在しているテレビというものについて考えてみるとき，このような想像力や思考力としてのカルチュラルリテラシーを駆使してみることが必要なのではないでしょうか．

関係性を取り戻す

最後になりましたが，これまでのメディアリテラシー学習を振り返ってみると，このような文化的なつながりや社会的な関係性にもとづいて，テレビについて複合的に考えるような視点は実はあまり取り入れられてこなかったのではないかという気がします．おそらくは，多くの場合，テクストとしての映像そのもの，少し発展的な場合，送り手と受け手の関係，もしくは，産業としてのテレビ・メディアといったようなことを，単独の問題として取り上げてきたのではないかと思います．つまり，社会的な文脈のなかでテレビやメディアについて考えることが重要だと言われながらも，実際には教室のなかや小さなグループのなかなど，社会的にかなり閉じられた状況でしかテレビというものを扱ってこなかったのではないかという気がします．この本に書かれているような，テレビ・メディアを理解し，表現し，そしてそれを見せていくというプロセスのなかで，テレビの社会的な「場所」をもう一度確認してみて下さい．

テレビはそれ自体が埋め込まれている社会のなかで，さまざまなものと絶えず変容する関係性を持ちながら，その文化的なあり方を決定しています．このようなテレビの文化的・社会的な関係性につ

いて考えながらもう一度テレビについて考えてみてください．きっと新しい発見があるはずです．

コラム07 モナリザは思わず微笑んだ

劉雪雁（財・国際通信経済研究所客員研究員）

　校庭に大きな紙が並べて敷かれています．チームメンバーの一人が紙に寝転んで好きなポーズをつくり，ほかのメンバーたちはそのからだのラインに沿って輪郭を描き出します．その輪郭の上に，さらに色鉛筆や色紙，カラーテープなどを使って描いたり，貼りつけたりして，顔や服装を加えていきます．輪郭を描き出すのは，学生たちに人体の比例と形を把握させるためですが，子どもたちの想像力は囲まれた輪郭をはるかに越えていました．最後に，みんなの前で自分のチームは何を表現したいかを発表することも，欠かせない作業の一つです．

　「赤を見ると，何を連想しますか？」「黒の場合は？」．色について自分の理解と意見を話し合っているうちに，子どもたちは色に込められた意味に気づきます．それから友だちの似顔絵を作成していきますが，先生からの注文はたった一つ，「友だちの気持ちを絵のなかで表すように」と．できあがった作品を見ると，学生たちはいずれもさまざまな色を選んで，モデルをつとめる友だちの喜怒哀楽を表現しようとしていました．

　ここで挙げたのは，台湾政治大学附設実験小学校教諭，張麗華先生が担任する「芸術と人文」科目で行われた授業例です．
　2001年より，台湾の小・中学校で「九年一貫課程」という教育改革案が実施されました．改革案に語学，健康と体育，社会，芸術と人文，数学，自然と生活・科学技術，総合活動など七つの「学習領域」が含まれています．そのうち，「芸術と人文」はかつての図工，音楽，表現などの科目を統合した新設科目で，学生の芸術に対する感受性，想像力，創造力を高めることを授業目標としています．しかし，とくに進学の圧力が高い都市部の学校では，学生たちはこの科目への関心は薄い．

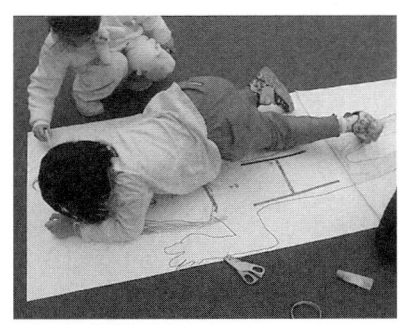

からだの輪郭を描き出す

　各学年の「芸術と人文」を担当する張先生は，その原因を「いまの学校教育は，語学や数学といった主要科目だけを強調します」と指摘する一方，「今までの図工教育では，「手」による操作と表現しか重視してこなかったのです．このような教育は，子どもたちの潜在力を掘り起こし，「心」と「智」を育てることを見落としてしまった」と，従来の教育方法にも問題があると考えています．

　学生の積極性を引き出すために，張先生は子どもたちの年齢に合わせてバラエティに富む教案をデザインしました．これらの教案には共通する特徴が二つあります．一つは多様なメディアを使って表現すること．張先生の授業では，Tシャツ，スカーフからカメラ，ビデオカメラまで，そして自分の顔や体など，いずれも表現用のメディアとして使われています．そしてもう一つの特徴は，全員が協力しながら参加することです．みんなで議論し，他人の意見を尊重し，友だちを信頼することは，張先生が評価を与える際の重要指標でもあります．

　たとえば，学生の芸術鑑賞への印象を深めるために，張先生は4年生を対象に「ダーリン，私は名画を面白くした」という授業を行いました．授業は準備，パフォーマンス，鑑賞・評価とディスカッションの三段階より構成されます．準備段階では，まず1クラスを5つから6つのチームに分けます．各チームはそれぞれある名画を選び出し，作者や作品の背景，作品が表現した内容について調べます．それから，その名画をひとつのコマとし，前後3分間ずつの物語を考えて台本を作成し，名画の内容を長さ6分間の寸劇に織り込んで演じます．また，時間と材料費を節約するために，張先生は前もって「服装，道具を自分が持っているも

のや，家の衣服，シーツなどを利用する」という要求を出しました．
　ただの真似事ではなく，自分の想像力と表現力を十分に発揮できる授業内容なので，学生たちはみんな興味津々でした．選ばれた名画は，唐代画家閻立本の名作「歩輦図」や，マネの「草上の昼食」，モネの「ラ・ジャポネーズ」，ゴッホの「馬鈴薯を食べる人々」，ダ・ヴィンチの「モナリザ」などがあります．
　次はパフォーマンス．「モナリザ」を選んだチームは，この名画を次のような物語のワンシーンに「変身」させました．

　ある古い建物のなかで，モナリザと母，妹の3人は互いに頼り合って暮らしている．ある日，モナリザは美しい口笛の音を聞いた．窓越しに外を見てみると，格好いい男の子がバラの束を持って自分のほうに向かって歩いているではないか．モナリザは思わず微笑んだ（名画のコマ）．まもなく家のドアがノックされ，モナリザは急いで玄関へと走ったが，思いがけないことに，あの男の子は自分ではなく，妹を訪ねてきたのである．

　ちょっと切ない物語ではありますが，パフォーマンスするメンバー，道具や音楽を担当するメンバーは力を合わせて寸劇を完成させました．
　「教育の目標は，ただ学生にテクニックを教えるだけではなく，学習を通じて，子どもたちが多方面で自分自身を越えていくことができるよう手伝ってあげることです」．そう考える張先生は，学生たちの作品や表現の出来栄えより，学習のプロセスをもっと重視します．張先生はすべてのパフォーマンスを録画し，鑑賞・評価とディスカッションの段階で学生たちに見せて，自分および他人のチームのパフォーマンスやチームワークについて感想と意見を発表させて，授業を終わらせます．
　従来の授業に比べて，張先生が行ってきたような実践中心の授業は，教師側にとっても新たな挑戦です．過去のような「指導し教育する」という立場から，学生とともに「学習し成長する」という役割に教師が変わっていくことは，新しい教育法を遂行するときに重要なことです．現段階では，学校内の設備，教師の時間や人手，また専門知識などの面においてまださまざまな限界がありますが，張先生はすでに利用可能な施

「モナリザ」のパフォーマンス

設，道具と人を探し始めています．「美術館，博物館，コンサートホール，劇場などを活用して，学外授業を行うこともできるし，インターネットを使って最新の教育情報を調べることもできます．また，芸術家やコミュニティ内の専門家に学校へ来てもらい，またほかの教科の先生や，熱心な父兄などを巻き込んで，今までの傍観者たちを協力者，教育者に変えていくことで，教師はより広い空間で授業を展開することができます」．張先生の夢が広がる一方で，これからも面白くて楽しい教案をいろいろ見せてくれるでしょう．

メディアリテラシーのひろがり

長谷川一

はじめに

　この本ではここまで，テレビを題材に，メディアリテラシーの具体的な作法や技法，知恵などについて，さまざまな観点から紹介してきました．本章では，これまで学んできたメディアリテラシーの考え方と作法がどのようなひろがりをもっているのか，その意義と可能性を，考えてみたいと思います．

　まずはテレビ以外のメディアについて，どのようなメディアリテラシーの活動があるのか，具体例に即しながら見ていくことにしましょう．そして，そのようにしてメディアリテラシーのいわば面的なひろがりを確認していったあと，最後に，それを深めていくような方向についても目を向けてみましょう．メディアリテラシーとは，教育的であったり啓蒙的であったりするだけでなく，メディア論の観点から見てとても大切な，けれども，まだはっきりとは気づかれていないような，豊かな可能性を埋蔵しているものであるように思われてなりません．ここでは，そうしたことの一端を探ることで，メディアリテラシーを幅広くて立体的な視界のなかでとらえなおしてみたいのです．

メディアリテラシーのひろがり

　なぜ本書でテレビを中心的にとりあげてきたのでしょうか．その理由のひとつは，冒頭の「Ⅰ　メディアリテラシーを学ぼう」で述べられているように，わたしたちの現在の日常生活を分厚い雲のように覆い，さまざまな形でそのあり方を枠づけている，その影響力の大きさゆえにほかなりません．影響力にもいろいろあるわけですが，ごく単純に，規模について見てみましょう．

　テレビ番組の視聴率を調査する会社によれば，関東地区のばあい世帯視聴率1％が約16万5000世帯に，個人視聴率では同じく約39万6000人に相当すると推定されるそうです[1]．たとえば，ある年のNHK大河ドラマの関東地区における平均視聴率が17.4％だったとすると，この番組の視聴者の総数は，同じく関東地区では毎週平均して700万人に迫る規模だったと推し量ることができます．つまり，関東地区だけでそれだけの数のひとびとが，同じ時間にテレビ受像器のスイッチを入れて同じチャンネルにあわせていた，それが毎週毎週1年間にわたってくり返されていた，ということです．

　それでは，テレビ以外のメディア，たとえば出版ではどうでしょうか．片山恭一『世界の中心で，愛をさけぶ』（小学館，2001年3月発行）や養老孟司『バカの壁』（新潮社，2003年4月発行）は何年も連続して売上ランキング上位にならんだ記録的なベスト（ロング）セラーの本ですが，売上冊数を累計，つまりこれまでに売れた冊数を全部足した数は，それぞれ300万冊超というほど．だいぶ様子が異なります．

　いうまでもなく，テレビの視聴率と本の売上冊数は単純に同じ尺度で比較できるような数字ではないのですが，少なくともテレビの規模が相対的に大きいこと，そしてそれが，各地に暮らす多数のひとびとが同じ時間帯に同じ番組を視聴し，しかも継続的に反復され

[1]　世帯視聴率の母数は，それぞれ調査エリア内の自家用テレビ受像器を所有する総世帯数，および，個人視聴率の母数はテレビ所有世帯内の視聴家族（4歳以上）の総人数．調査会社であるビデオリサーチ（株）のサイトを参照．http://www.videor.co.jp/rating/wh/13.htm

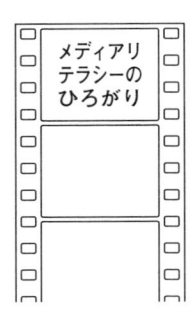

|メディアリテラシーのひろがり|

るという性格をもつことは読みとれます．こうしたことがひとつの要因となって，テレビにこれまで大きな影響力をもたらしてきたといえるのではないでしょうか．

メディアリテラシーの起源と発展の歴史をふりかえると，その多くはテレビに主眼をおいたものだったことがわかります．そのことには歴史的にある程度の必然性があったともいえるかもしれないのですが，だからといって，けっしてメディアリテラシーにおいてテレビが特別なものだというわけではありません．メディアリテラシーという言葉をもっとも素朴にとらえるならば，それは，さまざまなメディアのリテラシー，というような意味になるはずです[2]．

そして，じじつ現代社会はテレビだけによって成り立っているわけではなく，きわめて複合的で入り組んだメディア環境のなかに存立しています．現在のわたしたちの日常は，テレビと切っても切り離すことのできないような性質のものであると同時に，テレビ以外にもさまざまなメディアと接したり使用したりするなかで成立しているものでもあることにあらためて目を向けてみましょう．思いつくまま挙げていくだけでも，パーソナルコンピュータ，インターネット，携帯電話，携帯音楽プレーヤ，本や雑誌，CD，DVD，郵便や宅配便，ノートやメモ帳，カメラ，固定電話，新聞，……いくら列挙してもしきれないほどです．そんななかで，テレビと同じく放送に分類されるはずのラジオですら，そのメディアリテラシーがほとんど語られていないような状況にあるのが実状です．

くり返しになりますが，本書で述べてきたメディアリテラシーの思想と技法もまた，テレビを念頭においたものでした．けれどもそれは，必ずしもテレビだけにしか有効でないということではありません．メディアリテラシーの問題とは，上に挙げたようなさまざまなメディアのひろがりのなかからも，とらえなおしておく必要があるに違いありません．個別のメディアの境界を越えてひろがってゆくメディアリテラシーの可能性について，具体例を紹介しつつ考え

[2] メディアリテラシー研究会（市川克美・音好宏・見城武秀・後藤繁榮・藤本浩・水越伸）『メディアリテラシー――メディアと市民をつなぐ回路』（日本放送労働組合，1997年）．

ていきましょう．

メディアで学ぶ——新聞と NIE

　テレビ以外のメディアにおいて存在するメディアリテラシー的な活動のなかで，もっとも長い歴史を持ち，よく知られている例のひとつとして，NIE があげられます[3]．

　NIE とは Newspaper in Education の略で，「教育に新聞を」という意味から察せられるように，教育のなかで新聞を活用していくことを推進する運動です．

　1930 年代のアメリカに起源をもつ NIE が日本で本格的に導入されたのは，1980 年代の終わりごろのことでした．読書離れが叫ばれるようになっていたなか，それに歯止めをかけ，活字文化に親しむ方法のひとつとして位置づけられたのです．中心になったのは新聞社や通信社の業界団体である社団法人日本新聞協会．1996 年には財団法人日本新聞教育文化財団が設立され，そちらに運営が移管されました．現在では 47 都道府県に各地方の新聞社や教育行政・現場が参加して NIE 委員会が組織され，NIE の実践校の選定などにあたっています．NIE を実践している学校は，全国の公立・私立の小・中・高等学校および，2004 年度には 400 校以上にものぼります．横浜市にある日本新聞博物館には NIE 全国センターが併設されていますし，2005 年 3 月には日本 NIE 学会も発足しました．

　日本での NIE の性格を一言でいえば，学校教育のなかで新聞を教材として活用する学習運動ということになるでしょう．たとえば，「総合的な学習」の時間をつかって，環境問題や地域について調べ学習をしたり，複数の新聞を読み比べて記事の内容の違いを理解したり，あるいは読者投稿欄に投稿してみたり，といった実践例があります．こうした学習活動には，文章を読むことや書くことを学び，

[3] 日本の NIE の取り組みについては以下が参考になる．日本新聞協会 NIE 第一専門部会編『私は「新聞」です』（全 3 巻，日本新聞協会，1990-1992 年）．妹尾彰『NIE の 20 年——教育に新聞を』（晩成書房，2004 年）．後述する日本 NIE 学会のサイトは以下のとおり．
http://www.osaka-kyoiku.ac.jp/~care/NIE/index.html

> メディアリテラシーのひろがり

児童や生徒の学習意欲が増進すること，新聞に親しむ習慣が形成されること，などといった効用があるといわれています[4]．

　新聞記事を読み込むこと，複数の新聞を比較すること，ひとつのテーマについてさまざまな記事を調べてみること，などといったその活動内容を見ると，NIE はメディアリテラシー的な要素を多く含んでいる活動だといえそうです．じっさい，こうした諸活動は新聞を理解するうえで欠かすことのできない重要なものだということができるでしょうし，多くの点でメディアリテラシーと関心を共有していることも事実です[5]．

　その一方で NIE には，本書で述べてきたようなメディアリテラシーの考え方とは少し異なっている点があるということも確認しておくべきでしょう．なかでも最大の違いは，メディアというものにたいする視点，スタンスです．

　NIE の活動において新聞は，もっぱらニュースを読むための教材として，ちょっと乱暴な言い方をすれば，ニュースという情報を運ぶ容れ物としてとらえられています．もともと新聞閲覧の習慣を養うことを企図している以上，こうしたことはむしろ当然の帰結といえるかもしれません．けれども，授業で新聞がどんどん活用されることが奨励されるその一方で，肝心の新聞そのものについて，それがどのようなメディアかということを学んだり，批判的に考えていくという観点は，少なくともこれまでのところは必ずしも含まれているとはいえないようです．ニュース（という「事実」）を伝えているとされている記事そのものが，記者やデスクといった作り手のひとびとによってどのように執筆され構成されているのか，レイアウトされた新聞がどのようにして紙に印刷され読者の家に宅配されるのか，あるいはそうした新聞がどのような経済基盤のうえに成り立つ活動であるのか，……といった諸々の点にかんして，ほとんどとりあげられることがありません．

　NIE では「新聞で学ぶ」という関心が中心であって，「新聞を学

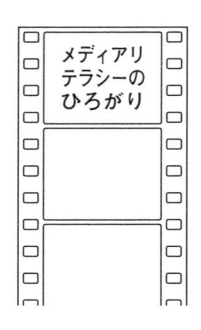

(4) （財）日本新聞教育文化財団のサイトに詳しい解説がある．http://www.pressnet.or.jp/nie/aboutnie/top.htm．また，日本 NIE 研究会『新聞でこんな学力がつく』（東洋館出版社，2004 年），小田迪夫・枝元一三『国語教育と NIE ——教育に新聞を！』（大修館書店，1998 年）．

(5) NIE の実践ガイド本には，たとえば以下がある．鈴木伸男編『新聞わくわく活用事典 NIE ——新聞学習のヒントがいっぱい！』（PHP 研究所，2004 年）．

ぶ」という視点は守備範囲外にあるか，あるいは将来的に組み入れられるべき今後の課題のひとつということができるでしょう[(6)]．

リテラシーとメディアリテラシー

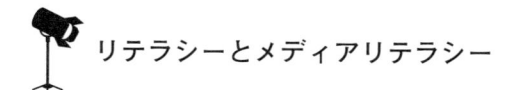

　メディアで学ぶこと，メディアを学ぶこと——．テレビでも新聞でも，メディアリテラシーの活動を考えていくうえでは，どうやらこの両者のバランスをうまくとっていくことに注意を払う必要がありそうです．そのことは，ある意味では新聞よりももっと古くからあるメディア，本について見てもわかります．

　学校での経験を思い出していただければおわかりのとおり，本はこれまでの教育活動のなかで大きな位置を占めてきました．従来の本をめぐる学習活動は，大きくいって，(1) 読み聞かせの活動，(2) おもに初等教育における読書活動，(3) 同じく作文活動，の3つにわけることができます．これらの活動に共通するのは，それが現実におこなわれる場所が学校の内か外であるかは別として，もっぱら初等中等教育の児童・生徒を対象にしている点です．たとえば (1) が対象にしているのは，多くのばあい小学校低・中学年の児童や，就学前児童すなわち小学校にあがる前の子どもたちですし，(2)，(3) は小中高等学校全般の児童・生徒です．その理由として，これらの活動がいずれも国語教育に密接に関係していることがあげられるでしょう[(7)]．

　こうした活動の関心の中心は文章を読むことと書くことの習得にあります．いうまでもなく，それはたいへん重要なことです．しかし，そこでは本（あるいはノートやパソコンなどでも同じなのですが）は読み書きを学ぶための道具と考えられていて，本それ自体には必ずしも注意が向けられてはいません．つまり，先に述べた NIE と似て，「本で学ぶ」ことが中心で「本を学ぶ」ことは不在なので

[(6)] 山内祐平「健全なメディアリテラシーの育成」，前掲の日本新聞教育文化財団のサイト内に掲載．

[(7)] カナダ・オンタリオ州やイギリスでメディアリテラシーの普及に大きな役割を果たしたのが，国語教育の変革だった．菅谷明子『メディア・リテラシー』（岩波新書，2000年）を参照．
　日本でも国語教育にメディアリテラシーを導入するとりくみが進んでいる．たとえば井上尚美・中村敦雄編『メディア・リテラシーを育てる国語の授業』（明治図書，2001年）を参照．

メディアリテラシーのひろがり

す．ここからは，2つのことが示唆されます．ひとつは，これまでの読書活動や作文活動が19世紀以来の「読み書き能力」という意味でのリテラシー教育の流れのなかにあること[8]．もうひとつは，リテラシーとメディアリテラシーとは重なりあう部分が少なくないながらも両者は区別して考える必要があること．文字や映像を読み解く力を身につけることは，もちろん大切ですが，そのことがただちに，媒体そのものの成り立ちや作用を見きわめられることを保証してくれるわけではないのです．リテラシーとメディアリテラシーの関係は，とりわけ本や新聞のような，一般に「活字」系といわれるメディアを対象としたメディアリテラシーの活動のなかでは混同されがちな傾向にあるようです[9]．それだけ「あたり前」の存在なのでしょう．

「本を学ぶ」ことの意味を即物的にとらえるのであれば，製本ワークショップとよばれる創作活動を先行例として挙げることができるでしょう[10]．製本作家やアーティストが主催する講習会で，紙をたばねて綴じ冊子の形に仕立てる製本技法を学ぶ活動のことです．これは学校教育のような制度とはまったく別の流れにあるもので，社会教育施設やカルチャーセンター，ときにはインターネットのウェブサイトなどを舞台に開かれます．ここでは文字どおり本というモノを具体的な形にするための技法を学ぶことに主眼がおかれています．そのため，テクストの内容や読者の問題にまで踏み込むような例はあまりありません．ここで学ばれる「本」とは物質としてのモノそのものに関係しているのです．

このように，これまでの本にかかわるワークショップ的な活動は，「本で学ぶ」ことを志向するリテラシー教育の流れと，モノとしての「本を学ぶ」製本作家ないしはアート系の流れとに大別することができます．両者はこれまで必ずしもしっかりと交わってきたわけではありませんが，ここにメディア論的な視点を介することで，本をメディアとして総合的にとらえなおすきっかけを見出すことがで

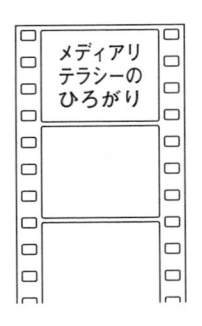

[8] リテラシー literacy という言葉が，英語でこんにちのような「読み書き能力」という意味で用いられるようになったのは，1880年代ごろといわれている．同じ言葉はそれ以前からあったが，そこでは「本を読むこと」と「たくさん読んで物知りであること」の両方をさしていた．このように，リテラシーという言葉が変容した背景には，教育と読書の市場の拡大という歴史的・社会的な条件があったわけだが，古い意味も完全に消えたのではなく，この言葉に独特の啓蒙的ニュアンスを与えている．

[9] もちろん，このような通俗的な意味での「活字」と「映像」の二分法自体も，疑ってみたほうがいいだろう．

[10] 製本講座の代表格として著名なのが池袋コミュニティ・カ

新しいテレビと社会

きるように思われます．物質としての本は，まさにそれが物質という実体であるがゆえに，身体とのあいだ，あるいは身体と身体とのあいだにおいて，たがいに作用しあう存在となるはずです．だからこそ，そこでひとびとがおこなうさまざまな活動をたばねる準拠点になるのです．

　メルプロジェクトでは，総合性と循環性をもったメディアとしての「本」の存在まるごとを学ぶことを目標にした活動のデザインを試みました．「本づくりとメディアリテラシー」と名づけられたこのプロジェクトについて，つぎに見ていくことにしましょう．

メディアを学ぶ——本づくりとメディアリテラシー

　世界のどこにも存在しないじぶんだけの「本」を考え，じぶんの力で形にすること．そしてそれを誰かの手に届けようとすること．「本づくりとメディアリテラシー」プロジェクトの活動の要諦は，この2点に集約することができます[11]．

　このプロジェクトは，第1期と2期，あわせて都合1年半におよびました．参加者は，いずれの回も大学3，4年生十余名．かれらは，それぞれが，「本」の企画から編集・製作，そして第2期については販売までを，すべてひとりでおこなうことになりました．

　学生たちはそれぞれ，まずは企画を考え，それに見合った構成を練り，「本」の形態を設計します．そして内容におうじて，写真を撮りに街へ赴いたり，原稿を執筆したり，パソコンでレイアウトしたり，素材や雑貨や手芸用品を扱っているお店をまわって印刷用紙や装丁につかう素材を選びだし，製本機材を駆使して折丁を綴じ，製本しなければなりません．これら各過程のどれをとっても，かれらにとって初めての経験でした．

　時間的な制約もあって，企画の大枠だけ決めたところで，レイア

レッジの「ルリユール工房」である（http://www2.odn.ne.jp/reliure/）．同工房を長く主宰してきた栃折久美子は，日本における製本工芸の先駆的存在であり，『えほんをつくる』（シリーズ子どもとつくる5，大月書店，1983年）や『手製本を楽しむ』（大月書店，1984年）といった製本技法解説書を著している．栃折はまた，自分史を手製本にするための解説書『ワープロで私家版づくり——編集・印刷から製本まで』（創和出版，1996年）では，ワープロのレイアウト機能をつかった版面設計から説き起こしている．

(11)「本づくりとメディアリテラシー」プロジェクトは，ペク・ソンス，内澤旬子，大橋あかね（第2期），筆者によっておこなわれた．詳しくは，水越伸・吉見俊哉編『メディア・プラクティス』（せりか書房，2003年）所収の拙稿「「本づくり」から「名刺パンフレット」まで」を参照．

メディアリテラシーのひろがり

ウト・素材選び・印刷・製本といった実際の製作作業が始まり，取材や執筆はそれと併行しておこなわれることになりました．企画を考えあぐねていた学生たちは，むしろ手や足をうごかして作業をしはじめてからのほうが，じぶんたちのつくろうとしているものの全体像をイメージすることができるようになったように見受けられました．身体をうごかして物理的にモノをつくっていくというリアリティが，大きな要因だったのでしょう．

　Aさんは，恋愛の言葉を印刷し，秘めごととしてのぞき見する形を体現するものとして袋とじの本をつくろうとしていました．袋とじにするためには，あらかじめ仕上がりサイズに裁断してある用紙の一辺を綴じてつくる簡易製本の方式を採ることはできません．まず8ないし16ページ分を1枚の紙に印刷して，それを折りたたんで折丁をつくり，その折丁を順番どおりに並べて束ね，背を綴じるという本格的な製本方法を採ったうえで，通常なら裁ち切るべき箇所を裁断しないようにする必要があります(12)．Aさんは，各ページをプリントアウトしたあと，それらを8ページ分ごとに正しく並べてコピーをとり，もう一段階大きな用紙を作成することにしました．この作業を面付けといいます．折丁にして綴じたときにページが順番どおりに並ばなければなりませんから，ページを配置するときにはそれを逆算しておかねばなりません．Aさんはコピー機と格闘しながら独力で工夫してそれをこなしました．無事に作業を終えたAさんは，「こんなに頭をつかったのは大学に入学して以来，初めて！」と笑いながら戻ってきたのでした．

　カメラの好きなBくんは，友人たちを収めたモノクロの写真を横長につなげて，巻物をつくることに決めました．かれは授業のたびに教室の隅に座り，ひたすら見本として貸してもらった『鳥獣戯画』の巻物をためつすがめつしていました．そしてじっさい，観察するだけの見様見真似で，三本組の巻物本をつくりあげたのでした．講師陣が感心すると，Bくんは照れくさそうに答えたものです．

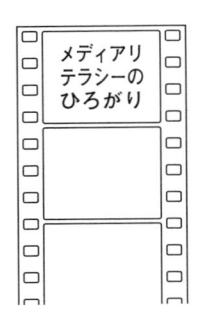

(12) 折丁の折り方．原則として4, 8, 16, 32ページのいずれかになる（以下，図版は特記以外は筆者による）．

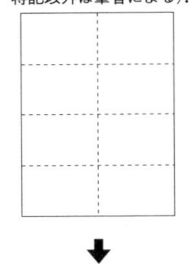

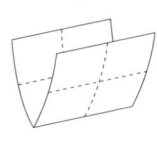

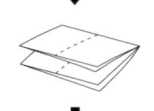

「巻物は横長の紙を少しずつ貼りあわせていくんだけど，その重ねあわせる向きを間違えちゃった」

　試行錯誤，紆余曲折の末できあがったのは，巻物あり，フランス装あり，リング綴じありと多種多様な形態をもった「本」でした（写真参照）．学生たちにとってみれば，「あたり前」であるはずの「本」というメディアを異化しとらえなおす営みだったのであり，同時に「作品」が作り手のアイデンティティを媒介するメディアとなっていく過程でもあったといえるでしょう．

　さらに第2期では，こうしてできあがった本を，書店の店頭において販売することも試みました．書店といっても，一般的な新刊本を販売している書店の多くは，商業的な流通ルートに乗っている本を扱うのがふつうで，それ以外の本はなかなか扱うことがありません．今回のように，商業出版ベースではなく個人ベースでつくられた本は，「ミニコミ」とか「自主制作本」などとよばれますが，こうした性格の本を書店で販売するための一般的なしくみは整っていないのが実状です．けれども，なかには少数ながら，「ミニコミ書店」とよばれるこうした自主制作本を販売することに協力的な書店もあります[13]．

　第2期に参加した学生たちは，それぞれじぶんで制作した本3～5冊を手に，こうしたミニコミ書店へ足を運んでは持ち込み，販売を委託してきました．代表的なミニコミ書店のひとつ，東京・中野

(13)　代表的なお店をあげれば以下のとおり．タコシェ（東京都中野区）http://www.tacoche.com/，書肆アクセス（東京都千代田区）http://www.bekkoame.ne.jp/~much/access/shop/，模索舎（東京都新宿区）http://www.mosakusha.com/．いずれも個人の作品のもちこみ委託販売をうけつけている．販売方法は店頭だけでなく，インターネットも積極的に活用している．

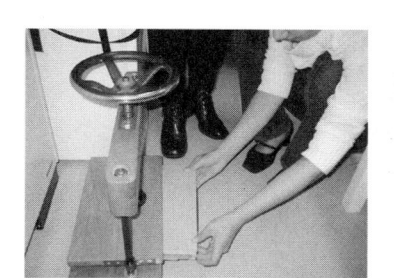

折丁を製本用プレス機にかける　　完成した多様な「本」たち

メディアリテラシーのひろがり

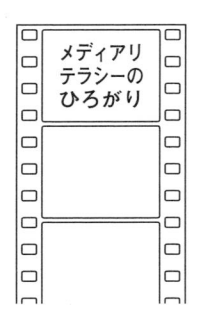

にある「タコシェ」にも3名ばかり赴きました．タコシェがあるのは中野ブロードウェイという商店街の最奥部．細長い店内には，自主制作本，少部数本，私家本，アーティストの制作したグッズ，自主制作のCD，パンフレットなどがひしめいています．なかには，コピーした紙を数葉ホチキスで綴じただけの，いたって簡単なつくりのものもあります．学生たちは，それぞれ納品書を書き，じぶんでつくった本をお店においてもらう委託販売の説明を書店の担当の方からうけます．委託期間は1カ月，その間の売りあげについては販売価格の一定の割合を書店に手数料として支払ったうえで精算，売れ行きのようすが知りたいときは電話にて問い合わせること，などなど．展示する本の横に販促材料としておいてもらうぬいぐるみを持参した参加者もいました．そして1カ月間の販売期間のあいだに，みごとに数冊が売れたのでした．かれらのよろこびようといったら，それはもう，たいへんなものでした．

本を書くことや読むこと，つくることだけでなく，そうした本を，読んでみたいと思ってくれたひとたちに手渡すこと．本を媒介にして，作り手と読み手が結ばれること．このプロジェクトでは，こうしたメディアの根源的な力にあらためて気づかされたのでした．

メディアの根源に触れる
──メディア遊びで知る映像のルーツ

メディアリテラシーの活動には，このように，メディアの根源的な力に気づかせてくれる性質があります．つぎにご紹介する映像の歴史にかんするワークショップの例も，そうした試みのひとつだといえるでしょう．

「メディア遊びで知る映像のルーツ」と題されたこのワークショップの眼目は，映像の基本的なしくみを，みずから作品をつくるという体験をとおして理解して，映像にたいするメディアリテラシー

の基礎的な素養を身につけるところにあります[14].

　このワークショップは，メルプロジェクトと東京都写真美術館，そして都内のある中学校とが連携し，中学生を対象に「総合的な学習の時間」を3コマつかっておこなわれました．

　まず最初の時間はイントロダクションです．ここでは導入として，「ミュージアムとはどんなところか」「東京都写真美術館とはどんなところか」「映像作品とはどのようなものか」の3点について，さらに今回のワークショップの活動内容の概要についても，メルプロジェクトのメンバーや東京都写真美術館の学芸員が説明をしました．

　2回目はクレイアニメづくりです．クレイアニメとは，クレイ（粘土）でつくった物体をコマ撮りして，それを連続して再生することによって動画のように見せるアニメーション作品のこと．中学生たちはいくつかのグループにわかれ，ストーリーを考えて，それにあわせて絵コンテを描きます．つぎに4色のクレイをこねて形をつくり，家庭用デジタルビデオカメラでコマ撮り撮影をして，20秒ほどの作品にまとめます．この作業をとおして，動画の基本，つまり静止画1コマ1コマを連続的に再生することによって，視覚の残像現象を利用して動く映像に見えることを，身体で感じて理解してもらうことを目的としています．

　3回目は，場所を教室から東京都写真美術館に移しておこなわれました．まず，前回生徒たちが制作したクレイアニメ作品の鑑賞会をおこない，コマ撮りの原理をふりかえりました．前回の時点では各作品には映像だけしかなかったのですが，3回目の授業の前にスタッフによってサウンドがつけられました．生徒たちはそれまで無音だった作品に音がつけられたことで，その効果を実感したようでした．つづいて，付箋をつかってパラパラマンガづくりをおこないました．パラパラマンガとは，紙束のすみに一連の動作を何コマにもわけて描き，パラパラとめくってみると動画のように見えるマンガをいいます．できあがった作品を，ビデオカメラとプロジェクタ

(14) 水越伸・村田麻里子「博物館とメディア・リテラシー——東京都写真美術館における表現と鑑賞をめぐる実践的研究」『東京大学社会情報研究所紀要』（第65号，2003年3月）．および，『はじめてみよう！　メディア教育——公民館で，美術館で，学校で……青少年のためのメディア・リテラシー学習』（東京都生活文化局都民協働部青少年課，2003年3月）．

メディアリテラシーのひろがり

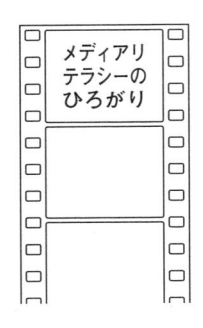

(15) ゾートロープ．1834年にイギリス人ウィリアム・ホーナーが発明したとされている（図版出典：水越・村田の前掲論文）

で投影して発表します．そのあと，あらためて映像のしくみについてのレクチャーをうけました．

最後に，東京都写真美術館が所蔵する，19世紀末ごろの初期の映像装置を鑑賞しました．キノーラは，手でハンドルをまわすと写真が順番にめくれていき，それをレンズ付きのファインダーからのぞき込むと動画のようにして見える装置です．ゾートロープという装置では，一定間隔で切り込みの入った筒の内側にパラパラマンガのように少しずつポーズの異なる人物の絵が描かれており，筒を回転させて切り込みから中をのぞき込むと動画のように見えます[15]．

生徒たちは，こうした初期の映像装置に見られる映像の原理が，みずからの制作したクレイアニメやパラパラマンガに共通することを確認したと同時に，映像の歴史を学び，現代のすべての映像作品もまた同じ原理の応用によってつくられていることも理解しました．初期の映像装置に込められたさまざまなアイディアや豊かな発想を体験的に知ったことで，生徒たちが現在の映像メディアに接するときの視座を得るヒントにつながったことでしょう．

動画の基本的なしくみを理解すること，映像は歴史をもつということ，映像は多様なものでありうるということ，そして映像はじぶんたちでもつくることができるということ——．そう，生徒たちがつかんだものこそ，メディアリテラシーとしか言い表すことのできない何かなのではないでしょうか．

メディアではないメディア，のメディアリテラシー

テレビや新聞のことをメディアとよぶことに，ほとんどのひとは違和感をいだかないでしょう．だから，テレビや新聞にメディアリテラシーが必要だという考え方はしごくまっとうな話だと思われるのではないでしょうか．けれども，そうしたマスメディアだけがメ

ディアなのではありません．メディアとは，さまざまなメッセージが埋め込まれ，発信され，解読され，交換されるなかで，モノとひと，ひととひととを媒介するものであると考えるならば，日常生活のなかで，まったく何気なく利用したり使用したりしているさまざまなモノや場所もまた，メディアなのです．

　このように，ふつうメディアとよばれることなく日常に埋め込まれているものをメディアととらえていくような見方はまだ十分に浸透しているわけではありませんが，メディアリテラシーのひろがりと可能性を考えていくうえで，きわめて重要なものです．ひとつ例を挙げましょう．名刺です(16)．

　「名刺はメディアだ」などというと，たいていのひとは怪訝な表情を浮かべるかもしれません．そうした表情の浮かぶ理由はどんなところにあるのでしょう？　ハイテク商品ではなくただの紙切れだから？　誰もが持ち歩くありふれたものだから？　ただ名前と連絡先が記されているだけだから？　——でも，たとえどれだけ小さな紙片であっても，どれほどありふれていようとも，いかに情報量が限られていようとも，もちろん名刺もまたメディアなのです．

　名刺を1枚とりだして，じっくりとながめてみてください．もし，じぶんの名刺をもっていなければ身近なひとから借りてみてください．それは，決まった大きさの用紙に氏名や会社名が記されたもので，初対面の相手と交換し，たがいの情報を授受する装置だといえます．しかし名刺に刷り込まれている情報はひどく限られています．まず氏名であり，所属であり，所属先における身分であり，住所や電話やファクシミリ番号や電子メールアドレスなどの連絡先です．ときには顔写真や所属先組織のシンボルマークがあしらわれることもあるし，裏面にあふれんばかりの肩書きが列挙されていることもあります．名刺は，いかなる局面においても個人によって使用されるという意味でいたってパーソナルな道具であるにもかかわらず，そこでは人格をもったひとりの人間としての持ち主は所属先組織を

(16) 典型的な名刺のスタイル（図版出典：東大生協名刺見本）

> メディアリテラシーのひろがり

表す記号に縮退されているわけです．

　それだけではありません．名刺をもつということは，ネクタイをするのと同様，日本の企業社会に埋め込まれた存在であることを示す記号となります（だから学生はふつう名刺をもたないのですね）．名刺に用いられる素材はほぼ例外なく紙であって，JIS や ISO によって規格化されているわけでもないというのに，なぜかほとんど 91×55 mm のサイズに統一されています[17]．しかも日本の企業社会では，名刺には「正しい渡し方」なる社会的手続き＝儀式があり，うっかり片手で放り投げるようにして相手に名刺を渡そうものなら，ひどく礼を失した態度と見なされてしまいます．つまり名刺は礼儀＝儀式と絡みあって成立しているのです．もっともこうした作法が通用するのは日本と，せいぜい韓国あたりに限られ，たとえばアメリカ合衆国では，「名刺」の受け渡しはいたって即物的におこなわれますし，そもそも使用頻度も日本ほど高くはありません．こうした事実が端的に示すように，名刺は人間と人間を，主に社会のなかでの位置や立場という次元において結びつけ，媒介するメディアにほかならないのです．

　小さくてローテクで，日常のなかに埋没している名刺は，まさにそうであるがゆえに，わたしたちの目にはなかなか入ってこないような微視的なレベルでさまざまなメディア性を発揮しているに違いありません．こうしたメディアとしての名刺の性格を踏まえたワークショップをつぎにご紹介しましょう．名づけて「あっというま名刺パンフレット——わたし，こーゆー者です」．

メディアを発明する——あっというま名刺パンフレット

　このワークショップの趣旨を一言でいえば，名刺ではない名刺——「名刺パンフレット」という新しいメディア——を発明してみ

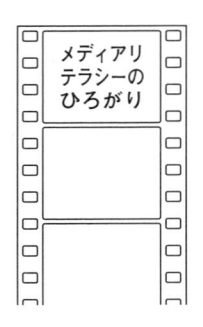

[17] 紙のサイズには仕上寸法と原紙寸法の 2 つがある．このうち前者にかんしては日本工業規格（JIS）では A と B の 2 つの列が，それぞれ 0 から 12 番までを組み合わせることによって定められている（規格番号 JIS P 0138：1998）．

　たとえば，A0 判は 1189×841 mm，A1 判は 841×594 mm，A2 判は 594×420 mm といったように，紙の長辺を 2 分の 1 の長さに裁断していく．このときつねに縦：横＝1：$\sqrt{2}$ の比率を保つように設計されている．いわゆる名刺サイズ（91×55 mm）は，A3 判からなら 20 枚分とることが可能ではあるが，計算すれば瞭然とするように，この縦横比率を保っておらず，JIS の規格原理に則っていないことがわかる．詳細は日本規格協会編『JIS ハンドブック：紙・パルプ』（日本規格協会，2003 年）を参照されたい．

よう，ということになるでしょう．

　そのために，まずは既往の名刺の特徴である「持ち主は所属先組織の記号」「小さくてローテクな，しかし決まりきった形」「渡し方という儀式」の3点に注目します．つまり「名刺パンフレット」とは，（1）いまある名刺が伝えようとしていない持ち主自身の個性を他者へ伝えようとするものであり，また（2）決まりきった名刺の形を脱して，しかし小さくてローテクという特徴は活かしつつ自由な形態をともなうべきであって，かつ（3）「お辞儀をしながら両手で差しだす」式の渡し方＝儀式に代わる新しいそれ独自の儀式をもたなければならない，というふうに決めました．

　造形上の条件は3点．（ア）A4判の紙を使用すること，（イ）使用枚数も切り貼りも自由，（ウ）紙は最低1回折ること．適切な制約条件はしばしば独創的な想像力の喚起を促すことにつながります．1枚の紙は表裏2面しかないけれど，一度折れば4面に増える．たんに面数が倍増するだけでなく，そこに一種の展開性・物語性のまぎれ込む余地が生じます．これらの条件を満たすような名刺パンフレットを，参加者にそれぞれ工夫してつくりだしてもらおうというのです．その過程で参加者たちは，名刺という既存のメディアの枠組みを確認していくことと，その枠組みを乗り越えていくことという，性質の異なる二種類の作業を経験することになるでしょう．

　参加者は約30名，いずれも情報メディア学科に所属する大学3年生が中心でした[18]．導入として，初めに名刺にかんする説明をしました．参加した大学生たちは，名刺というモノの形や使用の方法などについては知っていましたが，自身の名刺を所持した経験はほとんどありませんでした．むろん，名刺というものについてあらためて考えてみたことがある学生も皆無でした．

　概略の説明をすませたあと，ワークショップはつぎのような手順ですすめられました．

　まず，各自どんな名刺パンフレットを作成するか，プランを考え

[18] 企画・実施メンバーは水越伸，伊藤昌亮，長谷川．詳しくは前掲『メディア・プラクティス』所収の拙稿を参照．

> メディアリテラシーの
> ひろがり

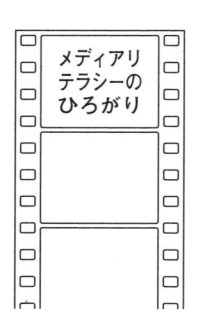

て企画書にまとめます．最終的には各自が1作品をつくるのですが，学生たちは適宜数名ずつのグループにわかれ，グループ内でたがいに相談しながら作業をすすめました．初めのうちは，頭を抱えこんで「うーん」とうなっているだけの学生も見受けられました．A4判の紙をたくさん用意し，これを折ったり切ったりしながら考えるといいよ，とアドバイスすると，学生たちは，とりあえずじぶんの知っている折り紙を折ったりしはじめました．頭のなかで考えついたものを形にするのではなく，手をうごかしていくことで初めて思考が動きはじめるのは，先にご紹介した「本づくり」にも共通して見られたことです．

　企画書が出そろったところで発表．そのあと各自の作業に入ります．はさみやカッターナイフで紙に穴を穿つ者，色鉛筆で器用に色づけをする者，パソコン室で作業をする者，雨のなか紙を買いにでかける者……．作業段階で当初案から企画変更をする学生もいました．夕方まで作業をつづけましたが，大半の学生は完成させることはできず，けっきょく翌日のプレゼンテーションまでの宿題として，持ち帰ることになりました．

　翌朝，学生たちが教室に集まってきます．趣向を凝らして編みだしたそれぞれの名刺パンフレットを片手に，それに相応しい新しい儀式＝渡し方の実演をまじえて，ひとりずつプレゼンテーションをしてもらいました．

　「一度会ったら忘れない」をコンセプトに，ちょうど赤塚不二雄のマンガにでてくるような「おでん」の形をした名刺パンフレットをつくったCさんは，わざわざ展開図まで描いて四角いさつま揚げと三角形のはんぺんを作成したものの，卵の球形を紙で製作する方法を考えつくのに一晩頭を悩ませたといいます．

　大学入学以来居酒屋でアルバイトをつづけ，いまやアルバイト勢を束ねるバイト長を務めるDさんは，店の名物であるイカをテーマにした名刺パンフレットをつくりました．コウイカそっくりのシ

ルエットが妙なリアリティがあり，開くとイカが4尾横に並んで，たのしそうにおすすめメニューを教えてくれる格好になっています．

　大阪出身のEさんは，ハリセン型の名刺パンフレットを考案しました．ハリセンとは吉本新喜劇などでよくつかわれる，蛇腹状の紙の一端を留めた小道具で，叩くと派手な音がするわりには叩かれたほうはあまり痛くないというもの．アイデア倒れで終わらなかったのは，留め具をはずせるようになっており，蛇腹を開くとじぶんの個人年表になるよう工夫した点でした．「儀式」も奇抜．「よろしくお願いします！」といいながら相手をハリセンで叩くと，こんどは相手がハリセンを奪って逆に「こちらこそ！」と叩き返します．

　ふだんどちらかといえば目立たないFさんは，熱烈に好きという歌手のマネージャーにしてほしいと，じぶんを所属事務所に売り込みに行くための名刺パンフレットをこしらえました．人差し指大

紙をあれこれ折っているうちに，ひとつの形が見えてくる

おでん式名刺パンフレット．卵を割ると中から本人の写真が現れる

イカ式名刺パンフレット

ハリセン式名刺パンフレットの「儀式」

メディアリテラシーのひろがり

メディアリテラシーのひろがり

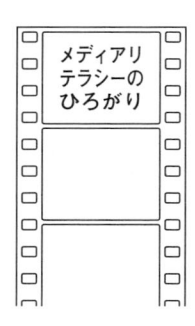

の大きさの両手を広げた彼女の写真がバンジージャンプを披露するのです.「あたしを事務所に入れてくださーい!」と叫びながら.

メディアと文化の境界を越えて

　この章では,メディアリテラシーの考え方や技法といったものが,テレビだけでなく,ほかのさまざまなメディアについてどのような意味をもっているのか,その具体的な展開のひろがりについて見てきました.リテラシー教育の流れが強い新聞や本をメディアとしてとらえなおそうという挑戦,映像メディアの根源的なあり方に触れるような試み,あるいは,名刺のような小さくてありふれた既存メディアの枠組みをずらして新しいメディアを発明していく企て──.こうした実践例は,わたしたちにどのような示唆を投げかけてくれているでしょうか.

　第一に,メディアリテラシーとその活動には多様性があるということ.個別のメディアそれぞれがもつ固有の事情に即して多様なメディアリテラシーの思想があり,技法があり,その活動がありうるということです.テレビにせよ新聞にせよ本にせよ携帯電話にせよ,メディアによって,物質やテクノロジーのあり方や,制度やひとびとのかかわり方,社会における位置づけのされ方は異なるわけですから,ある意味では当然の話かもしれません.ただし,そのさい一般にメディアとよばれないようなモノや場所をメディアととらえていくことの重要性も忘れないように.わたしたちは今後,テレビはもとより,ほかのさまざまなメディアに即した多様なメディアリテラシーについても,いままで以上に探求していくことが必要といえるでしょう.

　第二に,さまざまな個別メディアにおける多様なメディアリテラシーを考えていくうえでは,同時に,文化や社会を越えたひろがり

も視野に入れていくことが大切です．なぜかといえば，わたしたちが見知っているメディアのあり方は唯一絶対のものではなく，ほかにいくつもの姿をとりうる可能性をもっているからです．たとえば，わたしたち日本に住む多くの人間にとってテレビとは，NHKと民放5系列という地上波の枠組みを柱に，主として東京で制作された日本語による番組が日本全国に流され，それを各地のひとびとが同時に視聴していくことで時間と空間を共有していくという図式を思い浮かべるでしょう．けれども，日本の最西端，八重山諸島の与那国島から海上わずか100kmちょっとしか離れていない台湾では，テレビといえば地上波ではなくケーブルが主流で，100以上のチャンネルで多言語社会に適応した放送がおこなわれています．つまり，一口にテレビといっても，文化や社会によって，そのあり方は大きく異なっているわけです．逆にいえば，わたしたちが当然と思い込んでいる現在の日本のメディアのあり方は，けっして世界中で通有される当たり前のものなどではないということも意味しています．
また，異なる文化とは，なにも国際的なことばかりとは限りません．国内でも，地域によってメディア状況は異なるでしょうし，組織についても同様でしょう．

　そして最後に，第一と第二の点を踏まえたうえでいうならば，メディアリテラシーの活動であらためて認識しなければならないのは，わたしたちの日々の営み，日常生活に立脚していることの重要性です．なぜなら，わたしたちの日常が，権力，制度，文化，地域，階層，組織といったさまざまなものの複合の上に成り立っており，その間を媒介しているのがメディアだからです．

　メディアには，ひとびとや物事を結びつけていく力と，遠ざけ切り離していく力という，一見背反する2つの力のはたらきがあります．たとえば，日本ではテレビはひとびとを「国民」として結びつけていく方向に作用すると同時に，個々の地域の文脈から切り離して全国を一様に造成していったという側面をあわせもっています．

メディアリテラシーのひろがり

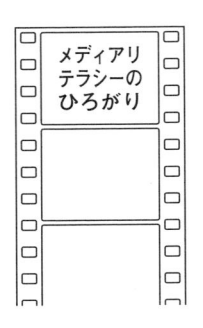

ですから、この枠組みにそぐわない在日外国人などのようなマイノリティや周縁的なものの見方は、陰に陽に排除されてきました。テレビは、映像を番組として放送するということだけでなく、そうしたことをとおして社会や文化のあり方を織りあげているという意味においてもまた、メディアなのです。ですから、メディアリテラシーの営みとは、たんに個々のメディアの使い方を身につけるだけではありません。このように、日常的でありふれたレベルの微細なことがらから、社会や文化の成り立ちの問題までを、メディアという視座からひとつながりの流れのなかでとらえていくものの見方、すなわち「メディアに視座をおいた新しい世界の見方」（「Ⅰ　メディアリテラシーを学ぼう」）を、ひとりひとりがもつようになることなのです。

メディアリテラシーを手に、再び日常へ

　この本で（あるいはほかの方法でもかまいません）メディアリテラシーについて少しでも学んだのなら、つぎはあなた自身がそれを実践していく番です。

　といっても、なにも特別なことをする必要は、まったくありません。それ以前と同じように日常の生活を過ごすなかで、メディアリテラシーは十分に実践していくことができます。先に述べたように、日常生活こそメディアリテラシーの最初にして最終的な立脚点にほかならないからです。

　そして、以前と同じようにしてテレビ番組を視聴するとき、きっと、それまでとは違った見方をしているじぶんに気がつくでしょう。その番組、そのシークエンス、そのショットがどのようにして構成されているのか、表面的なメッセージだけでなく、その背後にある見えないメッセージまでも注意深くチェックし読み解こうと自然に

しているはずです．同じことは，ラジオや新聞，本など，ほかのさまざまなメディアについてもいえます．ミュージアムへ行けば展示の内容だけでなくその仕方にも目がいくでしょうし，名刺のように，ひとびとが当たり前のように使用しているモノや，その使われ方も気になるでしょう．そうした一見ささいで日常的な事柄を批判的にとらえていくこと．それこそが，メディアリテラシーの核にある態度なのです．

　と同時に，みずからメディアをつかって表現していくことにも挑戦してみましょう．これも，本格的にやらなければと気負う必要など一切ありません．身近にある道具をつかうことから始めればいいのです．携帯電話に付いたカメラで撮った写真をブログにあげて公開する，なんてことで一向にかまいません．ちょっと工夫して，4枚の写真を組みあわせて4コママンガのように起承転結のあるお話をつくってみたりと発展させるのもおもしろい．もちろん，携帯電話やデジカメを持ち出さなくても，本章でご紹介したように，ただの紙をつかってだって，いろんなことができるはずです．肝心なことは，独力でというよりも友人知人や地域のひとたちと一緒に取り組んでみる協働性であり，真面目にメディアのお勉強をするというよりもプレイフルに愉しく活動していく姿勢です．

　そんなふうにして，日々の暮らしのなかで，メディアを読み解くこととみずから表現することの両方を実践していけば，それまでまったく見えなかったことに気づいたり，あるいは逆に，当然知っているとおもっていた事柄がよくわからなくなってしまったりすることになるでしょう．そうした気づきや疑問や戸惑いは，とても大切です．なぜなら，それはメディアの問題をじぶん自身の問題として確実に発見したことを意味しているからです．その先にひらけているのは，みずからの手でメディアを編みなおしていくための実践，という冒険の旅に違いありません．

コラム 08 メディアへアクセスする

津田正夫（立命館大学教授）

　私のゼミの課題は「現実のメディアへのアクセス実習」です．2年生後期には地域のFMラジオ「京都三条ラジオ・カフェ」で，15分から30分ほどの番組を実際に制作・放送します．最初は戸惑いますが，3ヵ月で感心するほど立派なディレクターやパーソナリティになります．3年生では「好きなメディアを使って，社会に対して自分のメッセージを伝え，選んだメディアの特性と，メディアでのアクセスによる効果をレポートすること」が必須の課題です．

　たとえば2003年度，U・F・Kの三人娘は，自分たちと同年代の舞妓さんの日常を「すっぴん──素顔の舞妓さん」と題する30分ドキュメンタリー番組にして，『いきなりテレビディレクター』（テレビ大阪，金曜深夜）に応募・制作，8月に放送して，なかなかの評判でした．ロック好きのT君は，KBS京都の学生制作番組『GO ON』（月曜深夜）の音楽コーナーの常連です．A君・Mさんのコンビは聴覚障害者のテレビ『目で聴くテレビ』（衛星放送やテレビ神奈川など，毎週30分）で「介助犬──わたしたちにできること」の制作を体験しました．Kさんら三人組は地元吹田ケーブルテレビを探訪，自分たちもADに挑戦して「ケーブルテレビに参加しよう!!」にまとめて9月下旬の1週間放送してもらいました．Oさんは四国八十八遍路の体験を「今，若者はなぜ遍路を目指すのか」というルポルタージュにして，雑誌『季刊誌・四国へんろ』に投稿，『AERA』「若者／死に至る訳」特集（2003年8月18日号）に取り上げられました．

　その他，ラジオドラマの制作，新聞投書欄や自治体の広報誌への投稿，タウン誌や業界紙への企画提案と取材・記事の制作，変わったところでは，献血活動を勧めるチラシを撒いてその効果を測定するチーム，各地のストリート・ミュージシャンのメッセージをドキュメンタリービデオ

ゼミのレポートの表紙

にしたチームなど，さまざまなメディアを使った実践を楽しんでいます．

　この実習の一方のねらいは，自らの思いをわかりやすい形にしあげること，ルールを学びながら社会へ発信すること，小さくても対話のコミュニティを作ることなど，表出とコミュニケーションの実践です．他方で，生きている現実のメディアや現場の人たちと対話しながら，使ったメディアの特性をメッセージとの関係で理解すること，その媒体とシステムを管理する政治・経済・技術の仕組みに触れて，メディアはどのようにして作られ，何が隠されているかを理解することです．もちろん自らの課題が浮かび上がり，メディア側の問題も見えてきます．また実践の結果を，理論的学習で整理していくことも欠かせません．

　実は数年前から急増してきたNPO（非営利活動団体）は，広報活動に身近なメディアを活用する必要に迫られました．NHKで番組を制作してきた私の体験や，東海地方の各種メディア人の経験を持ち寄って，こうしたやり方を試行錯誤してきました．今は，全国のNPOやまちづくり活動の映像祭を，行政とも手を結んで毎年開いていますが，これらの応募作品も地元テレビ局などで放送してもらいます．

　大切なことは，現実のメディアと学生・市民がかかわりあうことで，紙面・画面にいたるさまざまなプロセスや制作の仕組み，画面の背後でテレビを動かしている政治やビジネスのことなど隠れた部分を理解すること，そしてメディアの構造や制度の改革すべき課題を学ぶことだと思います．他方この過程はメディアに関わる職業人に，一般市民の感覚・疑問などに気づいてもらう機会でもあると考えています．

コラム 09 メディアリテラシーから パブリックなメディアのデザインへ

菅谷明子（在米ジャーナリスト）

　現在の私の関心テーマは，「公共的な空間における知的創造やコミュニケーションを促すメディアのデザイン」である．メディアリテラシーに興味を持つようになって 10 年ほど．私の興味も段階的にかわって来たが，根底にある問題意識は変わっていない．ただ，メディアリテラシーと今の関心がどうつながっているのか，自分の中でうまく整理できていないのも確かである．

　メディアリテラシーとは，かなり乱暴に言ってしまえば，テレビなどのマスメディアを批判的に読み解くことだと理解されている．「先進的」だと言われる海外の実践を調査しても，対象となるメディアは，その影響力も手伝ってテレビが圧倒的だ．もちろん，マスメディアを批判的に読み解くことが重要なのは言うまでもないが，既存のメディアのあり方を前提とし，それにどう対抗していくのかというアプローチだけでは，新しいコミュニケーションはなかなか生み出せない．加えて，メディアもマスメディアが対象の中心と，かなり限定されている．私がそもそもメディアリテラシーに興味をもったのは，市民が新しいコミュニケーションを生み出し，多様性に富んだ豊かな情報社会を実現させるために不可欠なものだと考えたからだ．

　そんななか，公共的なコミュニケーションのあり方に全く新しい視点を与えてくれたのが，オーストリアのリンツ市で開かれたメディアアートの祭典で出会った「ボディ・ムービーズ」というメディアアート作品だ．広場の中心にある元市庁舎は真っ白い布に覆われ，巨大スクリーンに早変わり．ムービーといっても，映画を見るようなものではなく，道行く人が面白がって影遊びを始めるだけという，超簡単な究極のインタラクティブアート．コンピューター制御のプロジェクターが 2 カ所に設置されていて，そのすぐ前に立てば影が 20 メートルほどに，また遠ざ

斬新な発想からデザインされた'メディア'「ボディ・ムービーズ」

かれば2メートルほどに映る仕組みだ．参加する人は，立つ位置を変えることで，影の大きさを考え，創造力を発揮して影絵で遊ぶのだ．

巨大な影になったわんちゃんが，人間をのみこんだり，大男が小人の頭をなでるように見せたり，ワインのボトルを大きな影にして，そのなかに人間が入っていくようなパフォーマンスをしたり……．面白い「作品」には拍手や笑いがどっと起こる．老若男女，誰もが参加できるし，全くの見ず知らずの人とも一緒に遊んでしまえるのが何とも楽しい．

実は，ボディ・ムービーズは，究極のコミュニケーションメディアなのである．この作品で大賞を受賞したラファイエル・ロザノ＝ヘマーは，背景をこう説明した．「最近は公共空間が広告で覆われるなど，どんどん商業化されていますが，そうした空間を市民が表現する場に変えたかった．建物と人々の関係が希薄になっていくなかで，ボディ・ムービーズは誰もがパフォーマーになれる．公共空間をコントロールするのは，私たち自身だと思います」．

こうした彼のメッセージは，これまで私が考えてきたメディアと人間とのかかわりや，公共的なメディアをいかに創りだすのか，といった問題意識に共通する．メディアリテラシーを考えるとき，どうしても既存の固定されたメディア観から逃れられなくなってしまうが，このように全く新しい形の「メディア」を生み出すこともできるのだ．

今メディアリテラシーに必要とされているのは，既存のメディアのあり方とは異なる発想から，新しい公共的なコミュニケーションを促すためのメディアのデザインを実際に行なってみるということではないか．そしてそれがメルプロジェクトが行なっていることであり，また，今の私が取り組もうとしている課題なのだと気がついた．

道具箱をたずさえて

水越伸

IV

「思想的でマニュアル的」

　私は最初のころに，この本をそういうふうに説明しました．テレビのメディアリテラシーとはなにか．それはテレビをめぐって「新しい世界の見方」を手に入れるという思想的な営みであり，同時にテレビに対して「あらたな働きかけ方」を身につけるという実践的な営みなのでした．

　「思想的でマニュアル的」な本書を締めくくるにあたって，二つのことを論じておきたいと思います．一つは現在テレビがおかれている状況について．テレビがどのような問題を抱えているのか，それがどのように変わっていくのか．ある意味でこのメディアは今，とても深刻な歴史的岐路に立っているといえます．その様子を素描しておきます．

　テレビが抱える問題のすべてをメディアリテラシーで解決できるわけではありません．たとえば産業や制度の問題は，業界関係者や専門家の手にゆだねるしかないところが多いといえます．しかし，これまでテレビの視聴者，受け手に過ぎなかった私たちがテレビというメディアに対して意識的であり，働きかけのしかたを手に入れるということは，このメディアの未来にとってとても大切なことです．二つ目に論じておきたいのは，私たちがテレビについてのメディアリテラシーの道具箱をたずさえて，今のテレビとどう向き合えばよいかということです．

テレビの変貌と諸問題

　テレビは19世紀の後半に技術的な発明や開発がはじまり，それから約半世紀が経った20世紀半ば以降，世界の主要先進国で放送

というコミュニケーションのための道具として一般的に使われるようになりました．私たちが今つきあっているテレビは，放送のはじまりからさらにほぼ半世紀の歳月を重ねて，今のような姿になっているわけです．今のテレビと私たちの日常的なつきあいを，50年，100年と一体気の長い歴史的な見通しの中でとらえてみることが，時にはとても大切なことだといえます．

　そのような歴史的な観点から眺めた時，テレビが今直面している問題とはなんでしょうか．技術，産業，そして送り手や表現の状況の三つに分けて論じておきましょう．

　まず技術の状況．

　1980年代後半から急速に発展してきたデジタル情報技術はテレビ技術，電信電話などの通信技術と結びつき，それまで別々の様式（モード）を持っていたこれらの領域が融合しはじめました．これを「モードの融合」現象といいます．「モードの融合」によってこれからのテレビはデジタルテレビとなります．デジタルテレビになると，画面がとてもきれいになったり，テレビゲームのように視聴者が番組や出演者とやりとりが可能になったりします．業界ではこうした発展をテレビの高品位化，双方向化などといいます．それはそれでよいことなのですが，今はまだ技術的にはこういうことができるようになりますよというスローガンのような段階にあります．

　一方で映像を身近に楽しむことができるメディアは，これからテレビだけではなくなります．デジタルテレビは，ケータイの小さな画面でも，街角の大画面にも映し出すことができるからです．デジタル情報技術によって，テレビはこれまでのリビングルームや個室から抜け出て，さまざまなところへ進出をしていくことになります．

　他方でテレビとは別の系統の技術というものも急速に発達してきています．この本でもたびたび登場したインターネット放送局のようなものは，テレビ技術ではなく，ビデオカメラとコンピュータ・ネットワークでなりたっています．映像はもはや，テレビや映画だ

けではなくなり，ゲームやコンピュータ・グラフィックスなどさまざまなタイプのものがあふれかえっています．

次に産業の状況．

1980年代後半以降，欧米ではさまざまな種類のマスメディア，通信事業社，コンピュータ産業などが合併をくり返し，巨大メディア産業とよばれる少数のコングロマリットが姿をあらわしました．ディズニーやソニー，マイクロソフト，タイム・ワーナーなどはその典型です．テレビは，番組という映像コンテンツを生産する一部門のようなかたちで巨大メディア産業に組み込まれてきました．それ以前からテレビの産業的な成り立ちや商業主義を問題にする研究者やジャーナリストはいました．しかし巨大メディア産業は，テレビ単体よりもはるかに強大な資本をもち，国境を越えてグローバルな企業戦略を展開するために，以前とは比較にならないほどの衝撃を世界各地にもたらすようになったのです．

日本のテレビではまだ，巨大メディア産業に次々と飲み込まれるというようなことは起こっていません．しかしデジタルテレビには新しいデジタル情報技術やそれを使いこなせる優秀な人材が不可欠で，それらを確保するためにはより潤沢な資金が必要になってきます．また，さまざまな映像技術が「モードの融合」によって溶け合わさっていけば，テレビはいやでもほかのメディア産業と横並びになり，結びついて行かざるを得ません．こうしてテレビは複雑で変化の激しい産業的状況におかれるようになってきています．これは広告収入に頼る民放でも，受信料に頼るNHKでも変わりません．

三つ目に送り手や表現の状況．

テレビがデジタルになり，より激しい産業的状況におかれるようになると，テレビのアイデンティティが揺らぎはじめます．そのことは当然，スタジオでのドラマづくりや事件現場でのニュース取材といった送り手の表現活動にも大きな影響を与えるようになります．たとえばですが，仕事の種類や内容が変わってきます．インターネ

ットを活用した番組が出てくれば，インターネットやコンピュータにくわしい人々が番組作りに参加するようになります．その一方で古いタイプの技術に携わる人の仕事がなくなったりもしてきます．さらに最近は下請けや，孫請けと呼ばれるかたちで，テレビ局の外部の人たちに仕事が投げられることが多くなってきました．デジタル化されたテレビでは，より多くの情報や番組を流すことができるようになり，その分テレビ局の人々は忙しくもなります．このような変化が，伝統的な送り手組織にさまざまな問題をもたらしもします．

　技術と産業，そして送り手や表現の状況は，それぞれ密接に結びついています．技術発達は産業化と不可分で進行し，そのことがテレビ局の現場の組織や雰囲気を変えていくわけです．さらにこの変化に伴っていろいろな問題も生じてきます．たとえば送り手のモラルの低下からくるさまざまなスキャンダルや事件，番組作りをダメにするような組織の官僚化や硬直化，テレビ局の買収をねらった産業的攻防が次々と起こることはこれらの問題と無関係ではありません．

🎙 メディア社会に参画する

　この本の中で私たちは，テレビを見たり，つくったり，読んだりするための考え方，方法，コツのようなものを紹介してきました．テレビというメディアとよりよくつきあっていくための道具のセットをお渡ししたともいえます．つまり本書は，「思想的でマニュアル的」なメディアリテラシーの道具箱だといえます．

　ここまで論じてきたテレビの問題が技術や産業，送り手の現場の諸状況がからみ合って生じているとすると，それは私たちから縁遠いことのように思われます．たしかにテレビ業界の問題や，制度の

道具箱を
たずさえて

あり方に，いわゆる素人が誰でも関わることなどできません．

しかし未来のテレビがどのようなものになるかということは，未来の私たちの日々のコミュニケーション生活がどのようなものになるかということと深く結びついています．テレビがより多様性のある，おもしろいメディアになれば，私たちの家庭や地域，学校や職場における会話や情報の流れもまた，多様でおもしろいものになっていくでしょう．このように考えてみれば，未来のテレビのあり方を業界や官庁だけに任せておくわけにはいかないのです．

さて，テレビの問題が技術と産業，送り手や表現の状況がからみ合って生じているといいましたが，じつはもう一つ，ある意味では最も重要な次元があることをお話ししておかなければなりません．それは視聴の状況，テレビを取り巻く社会の状況です．私たちがこれからどのような番組を好むか，どういう機器でそれを見るのか，番組をつくったり，人に見せたりするようになるのか，テレビをどのようなメディアだと思うようになるのか．そういうことが結果として，テレビの未来を決定的に枠付けていきます．

テレビなどケータイでも該当ディスプレイでも見られる，お気軽な映像情報の束に過ぎないと，視聴者の多くが思ってしまえば，そのことが産業にも送り手にも，さらには技術にも影響を及ぼし，結果としてテレビはそのアイデンティティを失っていくでしょう．しかしさまざまなメディアがあふれる中でもテレビに独自の魅力と意義があると思い，その中身に意識的だったり，日々の生活で活用したり，時には自らも積極的に関わったりする人が多くなれば，テレビには未来があるはずです．私たちは送り手と受け手の循環の中で，グローバル，あるいはローカルといった空間の拡がりのなかで，知らないうちにメディア社会に参画しているのです．そのことを自覚して，メディアの未来のあり方に主体的に関わっていくことができるのです．

メディアリテラシーの道具箱は，そのために必要になってきます．

この道具箱で私たちはまず,「テレビを読む・つくる・見せる」というサイクルに注目して,さまざまなものの見方や技法を具体的に紹介しました．ここではテレビを批判的に読み解くことだけではなく,それを自らがつくり,人々に見せていくということを重んじました．小型高性能で簡単な技術が次々と登場してくるこれからの時代,「つくるための道具」は道具箱のなかでとても重要な位置を占めるようになります．そしてつくることは,よりシャープに批判し,よりよくみる営みを育むはずです．

　次に,テレビを視聴する私たちの状況を,送り手と受け手の循環性のなかや,地域と空間の拡がりのなか,さらにテレビ以外のメディアの拡がりのなかに位置づけ,相対化してみました．テレビを多様な社会的状況のなかで,たえずあれこれ較べながらとらえる観点は,グローバル化し,デジタル情報化するこれからのメディア社会において大切になってくるからです．

　テレビを批判的に読み解いたり,楽しくつくることは,それだけで終わる営みではなく,私たちがメディア社会に参画するという,より広い営みのための活動だということをご理解ください．

　この本はテレビのメディアリテラシーのために必要な基本的な道具を集めました．誰もが必要とし,丈夫で使い勝手のよい道具をそろえたつもりです．しかしこれらを使うのはみなさんです．これから道具を加工してみなさんにとってより使いやすいように工夫をしたり,必要な新しい道具をつくったりしていってもらえればと思います．

　メディアリテラシーの道具箱をたずさえて,テレビのある日常生活の未来を,私たち自身でデザインしていくようにしましょう．

ブックリスト
ウェブリスト

ブックリスト

●メディアリテラシーのひろがり

阿部潔・難波功士編
『メディア文化を読み解く技法——カルチュラル・スタディーズ・ジャパン』
世界思想社,2004年
若手研究者が日常生活とメディアの関わりを詳細に読み解く.

カナダ・オンタリオ州教育省編／FCT訳
『メディア・リテラシー——マスメディアを読み解く』リベルタ出版,1992年
カナダのメディア・リテラシー教育のマニュアル.ポップでクリティカル.

菅谷明子
『メディアリテラシー——世界の現場から』岩波新書,2001年
欧米のメディア・リテラシーの実態についての丹念なルポルタージュ.

鈴木みどり
『新版 Study Guide メディアリテラシー——入門編』リベルタ出版,2004年
わかりやすいメディア・リテラシーのワークブック.

津田正夫・平塚千尋編
『パブリック・アクセスを学ぶ人のために』世界思想社,2002年
市民のメディア表現とアクセスをめぐる論文集.

東京大学情報学環メルプロジェクト編
『メルの環——メディア表現,学びとリテラシー』トランスアート,2003年
メルプロジェクトの理念や実践をコンパクトにまとめた.

林直哉・松本美須々ヶ丘高校放送部
『ニュースがまちがった日——高校生が追った松本サリン事件報道,そして十年』
太郎次郎社,2004年
報道被害の実態をめぐって高校生がメディア・リテラシーに覚醒.

マーシャル・マクルーハン,エドマンド・カーペンター編／大前正臣・後藤和彦訳
『マクルーハン理論——電子メディアの可能性』平凡社ライブラリー,2003年
メディアとはなにかを問うたマクルーハンらの古典的論文集.

水越伸・吉見俊哉編
『メディア・プラクティス』せりか書房,2003年
リテラシーからアートまで,批判的なメディア実践の論文集.

水越伸
『メディア・ビオトープ——メディアの生態系をデザインする』紀伊國屋書店,2005年
新しいメディア社会を生み出すために生態系の隠喩を活用した一冊.

山内祐平
『デジタル社会のリテラシー——学びの共同体をデザインする』岩波書店,2003年
教育学の観点からメディア・リテラシーを総括.事例が豊富.

吉見俊哉
『**メディア文化論**』有斐閣，2004 年
現代メディア文化についての思想と理論をバランスよく概説．

●テレビをめぐる議論

石田佐恵子・小川博司編
『**クイズ文化の社会学**』世界思想社，2003 年
クイズをめぐるポピュラー文化分析．クイズ番組の研究がおもしろい．

岡村黎明
『**テレビの 21 世紀**』岩波新書，2003 年
現代日本のテレビの全体状況を概説し，問題点を浮き彫りにする．

黒田勇
『**ラジオ体操の誕生**』青弓社，1999 年
ふだん当たり前にやっているラジオ体操の歴史・文化・政治性を問う．

今野勉
『**テレビの嘘を見破る**』新潮新書，2004 年
練達のプロデューサーがテレビ番組作りの仕組みを批判的に指南．

デイヴィッド・ハルバースタム著／筑紫哲也・東郷茂彦他訳
『**メディアの権力**』朝日文庫，1999 年
アメリカにおけるマスメディアの発達過程をドラマチックに描き出した古典．

ナンシー関
『**テレビ消灯時間**』文春文庫，1999-2003 年
今は亡きテレビ批評家の珠玉のエッセイ集．語り口がシャープで小気味よい．

山尾美香
『**今日も料理：お料理番組と主婦～「きょうのおかず」の悩める百年**』原書房，2004 年
料理番組が生み出す主婦や家事をめぐるステレオタイプを鮮烈に分析する．

●情報源と基礎知識

放送とメディアについての基礎情報が揃う文献を列挙しておく．

NHK 放送文化研究所編『**NHK 年鑑**』日本放送出版協会（年刊）
電通総研編『**情報メディア白書 2005**』ダイヤモンド社（年刊）
東京大学社会情報研究所編『**日本人の情報行動 2000**』東京大学出版会，2001 年
日本放送協会編『**20 世紀放送史**』日本放送出版協会，2001 年
日本民間放送連盟編『**日本民間放送年鑑**』コーケン出版（年刊）
日本民間放送連盟編『**放送ハンドブック：文化をになう民放の業務知識**』東洋経済新報社，1997 年
日本民間放送連盟編『**民間放送 50 年史**』日本民間放送連盟，2001 年
藤竹暁『**図説日本のマスメディア**』NHK ブックス，2000 年

ウェブリスト

●メディアリテラシーの世界

メルプロジェクト　http://mell.jp/
東京大学大学院情報学環に拠点をおく，市民のメディア表現，学びとリテラシーのためのサイト．

メディアリテラシー協会（The Association for Media Literacy）
http://www.aml.ca/
カナダメディアリテラシー協会　メディアリテラシー先進国，カナダの老舗協会のサイト．

授業づくりネットワーク　メディアリテラシー教育研究会
http://www.jugyo.jp/media/media.html
学校教師らを中心とする教育研究団体「授業づくりネットワーク」が運営．学校教育を中心に実践的な研究成果を公開している．

台湾政治大学傳播学院媒体素養研究室（Center for Media Literacy in Taiwan）　http://www.mediaed.nccu.edu.tw/
台湾でメディアリテラシー教育を先導するセンターのサイト．テレビのメディアリテラシーに力を入れる．

ダウム世代財団（Daum Foundation）
http://www.daumfoundation.org/main.htm
韓国で青少年のメディア活動を支援する．ダウム世代は「次の世代」の意味．

●受け手とテレビ視聴

放送倫理・番組向上機構（BPO）　http://www.bpo.gr.jp/
視聴者が放送番組で人権を侵害されたり，番組に問題があると思った時に対応してくれる自律的機関．

放送ライブラリー　http://www.bpcj.or.jp/
日本唯一の公共的な放送番組アーカイブ．

NHK 日本賞ビデオライブラリー
http://www.nhk.or.jp/jp-prize/index_j.html
世界の教育文化番組の国際コンクール．各国授賞番組のビデオ貸し出しなどをおこなっている．

NHK 放送博物館　http://www.nhk.or.jp/museum/index.html
NHK を中心に日本の放送の歴史を知ることができる．番組ライブラリーもある．

福岡市総合図書館・映像センター
http://toshokan.city.fukuoka.jp/eizo/eizo.html
福岡に関わりの深いアジアの映画を収集．ホールやビデオ研修室もある．

●送り手とテレビ表現

(社)日本民間放送連盟（民放連）　http://www.nab.or.jp/
民間放送事業者の業界団体．メディアリテラシーにも取り組んでいる．

(社)日本新聞協会　http://www.pressnet.or.jp/
新聞事業者など（一部放送事業者）の業界団体．NIE（新聞を教育に）運動に取り組んでいる．

NHK放送文化研究所　http://www.nhk.or.jp/bunken/
日本の放送研究，調査の拠点的組織．

学校放送オンライン　http://www.nhk.or.jp/school/
NHK学校放送関連番組のサイト．子ども，教師，放送局が交流する広場もある．

メディア総合研究所　http://www.mediasoken.org/
マスコミ，とくに放送の動きを批判的にとらえ，ジャーナリズムの連携をうながす民間の研究機関．

著作権情報センター（CRIC）　http://www.cric.or.jp/index.html
著作権とはなにかを学んだり，さまざまな相談をすることができる．関係資料も貸し出している．

●市民メディアとアクセス

ボイス　http://www.kidsvoice-jp.org/
子供たちの声を市民社会に届けるため，子供たち自信が運営するメディア．

市民とメディア研究会・あくせす　http://access.tcp.jp/
東海地方を中心とする市民のメディア表現，パブリック・アクセスを普及，促進している．

OurPlanet-TV　http://www.ourplanet-tv.org/
平和・環境・人権・教育などの映像情報を発信するインターネット放送局．

VIDEO ACT!　http://www.videoact.jp/
自主映像制作者の交流とネットワークの場を提供．

ビデオニュース・ドットコム（Video News Dot Com）
http://www.videonews.com
日本におけるインターネットを活用したビデオジャーナリズムの代表的サイト．

アースビジョン地球環境映画祭　http://www.earth-vision.jp/top-j.htm
アジア，環太平洋を中心とした地球環境をテーマとする国際映像祭．プロアマを問わない．

●ローカルとグローバル

シビック・メディア　http://www.mediagres.com/civicmedia/
マスメディアから市民までが連携する,北海道におけるパブリック・アクセスの拠点.

山形国際ドキュメンタリー映画祭
http://www.city.yamagata.yamagata.jp/yidff/home.html
日ごろあまり見ない世界の優れたドキュメンタリー映画のイベント.

せんだいメディアテーク　http://www.smt.jp
美術館と図書館のサービスを総合したような日本初の複合型メディアセンター.

湘南.TV　http://www.shonan.tv/
藤沢に拠点を置く市民メディア,インターネット放送局.

中海ケーブルテレビ　http://gozura101.chukai.ne.jp/i/
長くパブリック・アクセスを実施.ブロードバンドとケーブルテレビを結んだ「鳥取チャンネル」にも参画.

子ども文化コミュニティ　http://www.kodomo-abc.org/
福岡県において子どもの文化・芸術活動を促進する NPO.

アジアプレス・インターナショナル　http://www.asiapress.org/
アジアのビデオ・ジャーナリストのリゾーム状ネットワーク組織.

マンハッタン・ネイバーフッド・ネットワーク（Manhattan Neighborhood Network）　http://mnn.org/
ニューヨーク・マンハッタン島をカバーするケーブルテレビのパブリックアクセス・チャンネル.

●メディアリテラシーのひろがり

アド・ミュージアム東京　http://www.admt.jp/
日本の広告,マーケティングについての資料や展示が豊富.

ニュースパーク（日本新聞博物館）
http://www.pressnet.or.jp/newspark/
日本ではじめての本格的な新聞博物館.

NTTドコモ・モバイル社会研究所　http://www.moba-ken.jp
ケータイの普及した社会の光と影を人文・社会的に研究する.

東京都写真美術館　http://www.tokyo-photo-museum.or.jp/
写真をはじめ映像史料を豊富に所蔵する.子どもや市民向けのワークショップ案内もある.

あとがき

　本書が刊行されるきっかけとなった，民放連メディアリテラシー・プロジェクトは，2000年の秋，都内のとある公園で2人の人物がひょんなことで出会った時からスタートしました．2人の人物とは，東京大学大学院情報学環助教授の水越伸さんと民放連番組部副部長（当時）の竹内淳さんです．

　それまでのメディアリテラシーは，どちらかと言えば研究者グループや市民団体の活動が先行し，一方の当事者であるメディア側の動きは，一部のテレビ局の制作者レベルに限られていました．

　1998年から1999年にかけて，放送を巡る青少年問題が大きな社会問題となり，99年6月には各種の審議会や委員会の答申を受けた民放連が6項目の青少年対策を打ち出しました．メディアリテラシーの充実は，その柱のひとつでした．

　しかし，民放連（メディア側）と他の団体や機関との連携は手探り状態で，当時の青少年対策はメディア側の一方通行的な対応にとどまっていました．しかし，一方通行の思いではありましたが，この時期にひとつの画期的な番組が世に出ました．放送局でない民放連が後にも先にも初めて制作した番組『てれびキッズ探偵団～テレビとの上手なつきあい方～』です．この作品は小中学生を対象に学校教育や地域活動の場で，メディアリテラシーの教材として使ってほしいという内容でした．全国のすべての民放テレビ局127局で放送し，都道府県教育委員会を通して，全国の小学校に"録画"により教材化することを呼びかけてもらいました．当時の担当者の1人として，メディアリテラシー活動の裾野拡大の一助になったとの思いは強く持っています．

公園で出会った水越さんと竹内さんは，それぞれの立場で，メディアリテラシーの展開について，もうひとつ確かなムーブメントを模索していましたので，メディアリテラシーの展開について熱く語り合い，そして意気投合したのです．

　テレビ放送開始から半世紀近く経った2001年4月，2人の熱意が具体的なかたちで結実，ようやくメディアリテラシー活動が大きく動き出しました．それが東京大学大学院情報学環メルプロジェクトと民放連との共同プロジェクトのスタートだったのです．わずか2年間のパイロット研究ではありましたが，全国4つの地域で地元テレビ局と，学校あるいは地域団体との共同作業が続けられました．作業の途中で何回か開かれたワーキンググループの会議でも，年間の活動報告会でも，多くの苦労話や涙ぐましいエピソードが先生とテレビ制作者双方から出されました．そんな苦い経験から，水越さんを中心に，「単なる2年間の共同プロジェクト報告書ではなく，これからメディアリテラシーを学ぼうとする人，実践しようとする人たちに"道具箱"となるような本を出版することが有用だ」との機運が高まり，本書が実現したのです．

　2年間のパイロット研究の経験を踏まえ，何をやろうとして，何ができたのか何ができなかったのかをきちんと分析・総括したうえで，これからのメディアリテラシーの教育，実践に役立つ道具がいっぱい詰まっている夢の道具箱が本書なのです．

　本書のもうひとつの特色は，添付されているDVDの内容です．言うまでもなく，映像は切り取りやすく，簡単に切り貼ることもできるものです．その映像をどう処理したら伝えたいことがわかりやすく伝えられるようになるのか．また，そうした映像の性質をよく理解することで受け手である視聴者が映像内容を自主的に，批判的に見る目を養えられるのではないか．今回のDVDで，これまでの文字と写真・図だけの解説書が持っていたモノクロ世界から，動く映像を加味することで自然に近い多色的世界を体験できたのではな

いでしょうか．DVD に収録されている映像が，道具箱に収められているいろいろな道具類を三次元の立体像として，またより具体的なイメージとして皆さんの頭の中に浮かび上がってくることでしょう．本書と DVD を上手に組み合わせ，大いに活用していただきたいと思っています．

　言うまでもなく，メディアリテラシーの分野は研究面でも，実践面でもこれからという部分が多く残されています．特に送り手であるテレビ局の取り組みは，自らその世界に身を置く私から見ても遅れており，これまで以上の積極的な活動が求められています．

　本書を通して，送り手・受け手双方がムーブメントの梃子（基点）となり，メディアリテラシーそのものが拡大・発展していくことを願ってやみません．

2005 年 7 月
　　　　　2001-02 年度民放連メディアリテラシー・プロジェクト
　　　　　ワーキンググループ委員
　　　　　　　　　　　　　　　　　　　　　　藤川昭夫

[執筆者紹介]

水越　伸（みずこし　しん）
1963年生れ．東京大学大学院情報学環助教授
専門：メディア論，メディア史
著書：『新版　デジタル・メディア社会』（岩波書店），『メディア・ビオトープ――メディアの生態系をデザインする』（紀伊國屋書店）など
一言：僕は草花や動物を育てるのが大好きです．メディアの問題はとかく機械的だったり，ヴァーチャルなことのように思われがちですが，本来は生き物と同じように手触りがあり，身体的で環境的なことがらだと思います．この本はテレビのあらたな生態系を育てるための道具箱だともいえると思います．

本橋春紀（もとはし　はるき）
1962年生れ．（社）日本民間放送連盟番組部主幹

西野輝彦（にしの　てるひこ）
1962年生れ．（社）日本民間放送連盟番組部主幹

林　直哉（はやし　なおや）
1957年生れ．長野県梓川高等学校教諭
専門：芸術・メディア教育
著書：『ニュースがまちがった日』（太郎次郎エディタス），『報道は何を学んだか』（共著，岩波ブックレット）
一言：テレビの表現が少しわかってくると，音声として言葉の持っている力や，普段何気なく見ていた写真のすごさなど，いままで使っていたメディアに新しい発見があります．映像表現を通して，「表現することの楽しさ」が伝わるといいなと思っています．

倉田治夫（くらた　はるお）
1949年生れ．テレビ信州取締役総務局長
著書：『善光寺縁起集成――寛文八年版』（龍鳳書房），『鎌倉英勝寺本　善光寺縁起絵巻』（龍鳳書房）
一言：ルールや出場選手について知らずに観戦してもつまらないですね．水に入った経験がなければ水泳を語るのは難しいでしょう．メディアについても同様だということで，「テレビをつくる」の章ができました．基本的な内容ですが，メディアの現場にいる自分自身としても忘れてはいけないという自戒の念もこめてまとめてみました．

小川明子（おがわ　あきこ） 
1972年生れ．愛知淑徳大学現代社会学部専任講師
専門：メディア論（地域とメディア）
一言：「テレビをつくって，見せる」は，担当した授業「放送制作論Ⅰ」やゼミでの経験に基づいています．ここだけの話ですが，実はこの授業を担当するまで，私は自分でビデオを編集したことさえなかったのです！　とんちんかんな授業に耐え，ユニークな作品を作り，様々なことに気づかせてくれた学生さんたちに感謝せずにはいられません．

山内祐平（やまうち　ゆうへい） 
1967年生まれ．東京大学大学院情報学環助教授．
専門：教育工学・学習環境のデザイン
著書：『デジタル社会のリテラシー──「学びのコミュニティ」をデザインする』（岩波書店），『「未来の学び」をデザインする──空間・活動・共同体』（共著，東京大学出版会）
一言：メディアリテラシーは情報があふれる社会の中で，主体性を持って生きていくために必要な「かしこさ」の一つの形です．今の学校では十分に教えられていない内容なので，この本が少しでも多くの人の役に立てばいいなと思っています．

境真理子（さかい　まりこ） 
1952年生れ．江戸川大学マスコミュニケーション学科教授．
専門：映像メディア論，放送論
著書：『送り手たちの森──メディアリテラシーが育む循環性』（共著，NIPPORO文庫）
一言：テレビからサイエンスミュージアム，さらに大学の仕事に移りましたが，送り手と受け手，科学者と市民，どちらも専門家と市民を「つなぐ」ためのコミュニケーションの仕事だと思ってきました．たがいに対話を重ねることで，どちらの世界も優しく楽しく豊かになる，そんなイメージを描きながら「送り手と受け手」の章を担当しました．

坂田邦子（さかた　くにこ） 
1970年生まれ．東北大学大学院情報科学研究科専任講師
専門：メディア・コミュニケーション論
一言：異文化理解とメディアリテラシーについての実践的な研究をしています．異なる文化を持つ人たちと一緒にメディア制作を行ったり映像を交換したりするなかから，メディアの特性，メディアの可能性というものについてあらためてわかってくることがたくさんあります．そんなメディアリテラシーについても考えてみませんか？

長谷川一（はせがわ　はじめ）
1966年生れ．東京大学大学院情報学環助手．
専門：メディア論，出版論，コミュニケーション・デザイン論
著書：『出版と知のメディア論』（みすず書房），『新・現代マスコミ論のポイント』（共著，学文社）
一言：研究者になる前は編集者として働いていました．編集者の仕事はとてもメディア的です．人と人，人とモノといったように，何かと何かを結びつけて新しいコトを仕掛けていく．とはいえ，それは編集者に限られた話ではありません．みなさんも同様に，いろんな出会いや触れあいをとおして，日々の営みを紡いでいるはずです．つまり，みなさん自身もまたメディアなのです．たとえ自覚的でなかったとしても．メディアリテラシーを学ぶことは，メディアと社会の関係について，そしてその中に生きる自分自身について学び考えていくことでもあると思います．

山本雅弘（やまもと　まさひろ）
（社）日本民間放送連盟放送基準審議会議長／（株）毎日放送社長

藤川昭夫（ふじかわ　あきお）
2001-02年度民放連メディアリテラシー・プロジェクト・ワーキンググループ委員／前日本テレビ放送網（株）PR局長

小川直人（おがわ　なおと）
せんだいメディアテーク学芸員

宮尾久枝（みやお　ひさえ）
長野県長野西高校教諭

春田亮介（はるた　りょうすけ）
東海テレビ放送

清水宣隆（しみず　のぶたか）
愛知県春日丘中学・高校教諭

高宮由美子（たかはし　ゆみこ）
NPO子ども文化コミュニティ

劉雪雁（りゅう　せつがん）
（財）国際通信経済研究所客員研究員

津田正夫（つだ　まさお）
立命館大学教授

菅谷明子（すがや　あきこ）
在米ジャーナリスト

東日本放送（ひがしにっぽんほうそう）
宮城県を放送対象地域とする放送局．略称は KHB．http://www.khb-tv.co.jp

テレビ信州（てれびしんしゅう）
長野県を放送対象地域とする放送局．略称は TSB．http://www.tsb.co.jp

東海テレビ放送（とうかいてれびほうそう）
中京広域圏を放送対象地域とする放送局．略称は THK．http://www.tokai-tv.com

アール・ケー・ビー毎日放送（あーる・けー・びーまいにちほうそう）
福岡県を放送対象地域とする民間放送局．略称は RKB．http://www.rkb.ne.jp

東京大学大学院情報学環メルプロジェクト
メルプロジェクト（Media Expression, Learning and Literacy Project）は，メディアに媒介された「表現」と「学び」，そしてメディアリテラシーについての実践的な研究を目的とした，ゆるやかなネットワーク型の研究プロジェクト．http://mell.jp/index.html

日本民間放送連盟
The National Association of Commercial Broadcasters in Japan．1951年に日本初の民間放送16社が設立．放送倫理水準の向上，放送事業を通じた公共の福祉の増進，民放共通問題の処理と相互の親睦などを目的とする社団法人．現在の会員は民放202社（地上波のラジオ66社，テレビ92社，ラ・テ兼営35社，衛生放送の9社）．http://www.nab.or.jp/

メディアリテラシーの道具箱
テレビを見る・つくる・読む

2005年7月14日　初　版

［検印廃止］

編　者　東京大学情報学環メルプロジェクト
　　　　社団法人　日本民間放送連盟
発行所　財団法人　東京大学出版会
代表者　岡本和夫
　　　　113-8654　東京都文京区本郷7-3-1 東大構内
　　　　電話 03-3811-8814　Fax 03-3812-6958
　　　　振替 00160-6-59964
　　　　http://www.utp.or.jp/
印刷所　大日本法令印刷株式会社
製本所　株式会社島崎製本

© 2005 MELL Project on Interfaculty Initiative in Information Studies, The University of Tokyo/The National Association of Commercial Broadcasters in Japan
ISBN 4-13-053014-3　Printed in Japan

Ⓡ〈日本複写権センター委託出版物〉
本書の全部または一部を無断で複写複製（コピー）することは，著作権法上での例外を除き，禁じられています．本書からの複写を希望される場合は，日本複写権センター（03-3401-2382）にご連絡ください．

美馬のゆり・山内祐平	「未来の学び」をデザインする 空間・活動・共同体	四六	2400 円
石田英敬	記号の知／メディアの知 日常生活批判のためのレッスン	A5	4200 円
花田達朗	メディアと公共圏のポリティク	A5	4000 円
東京大学社会情報研究所編	日本人の情報行動 2000	A5	12000 円
花田達朗・廣井脩編	論争　いま、ジャーナリスト教育	A5	3400 円
吉見俊哉・花田達朗編	社会情報学ハンドブック	A5	2600 円
月尾嘉男・浜野保樹・武邑光裕編	原典メディア環境 1851−2000	A5	10000 円

情報社会の文化 [全4巻]

青木保・梶原景昭編	1　情報化とアジア・イメージ	四六	2700 円
内田隆三編	2　イメージのなかの社会	四六	2500 円
嶋田厚・柏木博・吉見俊哉編	3　デザイン・テクノロジー・市場	四六	2800 円
島薗進・越智貢編	4　心情の変容	四六	2400 円

ここに表示された価格は本体価格です．御購入の際には消費税が加算されますので御了承下さい．